प्रेरणा पुरुष

प्रस्तुत पुस्तक में हमारे देश के महान् दार्शनिक और चिन्तक डॉ. एस. राधाकृष्णन ने कुछ महान् भारतीय पुरुषों की जीवनियों पर अपनी प्रवाहपूर्ण, रोचक और विचारोत्तेजक शैली में प्रकाश डाला है।

सच्चे अर्थों में महान् वे होते हैं जो अपनी आत्मा के आदेशों के अनुसार चलते हैं और चाहे कोई भी कीमत चुकानी पड़े, समझौता नहीं करते। ऐसे महान् लोग केवल अपने लिए नहीं पूरी मानवता के लिए जीते हैं और सभी के लिए प्रेरणा की ज्योति बन जाते हैं।

ये प्रेरणापूर्ण रेखाचित्र हमारे ज्ञान के क्षितिज को भी विस्तृत करते हैं और जीवन को एक नया अर्थ और प्रेरणा भी देते हैं।

स्थापित 1912
100 वर्षों की
श्रेष्ठ प्रकाशन परम्परा
राजपाल

₹ 150

ISBN : 9788170282006

संस्करण : 2025
PRERANA PURUSH (Biographies) by Dr. S. Radhakrishnan

मुद्रक : जी.एस. ऑफसेट, दिल्ली

राजपाल एण्ड सन्ज़

1590, मदरसा रोड, कश्मीरी गेट, दिल्ली-110006

फोन : 011-23869812, 23865483, 23867791

e-mail : sales@rajpalpublishing.com

www.rajpalpublishing.com

www.facebook.com/rajpalandsons

प्रेरणा पुरुष

भारत के महान व्यक्ति और उनके विचार

एस० राधाकृष्णन

राजपाल

"सच्चे अर्थों में महान वे नहीं होते जिनके पास अपार धन या संपत्ति हो, न वे ही महान होते हैं जिनका बहुत नाम या यश हो, महान वे होते हैं जो अपनी आत्मा के आदेशों के अनुसार चलते हैं और चाहे कोई भी कीमत चुकानी पड़े, समझौता नहीं करते।"

—एस. राधाकृष्णन

क्रम

कालिदास

[375 – 445 ई.]

साहित्य में कालजयी रचनाएं गहन-गम्भीर मानवीय अनुभवों से जन्म लेती हैं। शताब्दियों के अंतराल के बाद, नितान्त भिन्न परिस्थितियों और अवस्थाओं में भी उनमें हमें अपने अनुभवों की गूंज सुनाई देती है। श्रेष्ठ कालजयी रचनाओं में देश-काल की सीमाओं से परे गुण होते हैं।

कालिदास भारत की आत्मा, सौन्दर्य और प्रतिभा के महान् प्रतिनिधि हैं। भारतीय राष्ट्रीय चेतना के मूल से उनकी कृतियों का जन्म हुआ है। कालिदास ने भारतीय सांस्कृतिक विरासत को आत्मसात किया, समृद्ध किया और फिर उन्होंने उसे सार्वभौम परिवेश और महत्त्व प्रदान किया, इसकी आध्यात्मिक दिशाओं, इसकी प्रज्ञा के आयामों, इसकी कला की अभिव्यक्तियों, इसके राजनैतिक स्वरूपों और अर्थ प्रबन्धों—सभी को सद्य, सार्थक और ज्वलंत उक्तियों में अभिव्यक्ति मिली है। उनकी रचनाओं में हमें भाषा की सरलता, उक्तियों की सटीकता, शास्त्रीय अभिरुचि, सायास औचित्य, गहन कवित्व संवेदना और भाव तथा विचारों का प्रस्फुटन दृष्टिगोचर होता है। उनके नाटकों में हमें करुणा, शक्ति, सौन्दर्य, कथा के गठन और पात्रों के चरित्र-चित्रण में अनुपम कौशल के दर्शन होते हैं। उन्हें राजदरबार तथा पर्वत-शृंगों, सुखी परिवारों और वन-तपोवन सभी का ज्ञान है। उनका दृष्टिकोण सन्तुलित है जो उन्हें उच्चवर्ग तथा निम्नवर्ग, मछुआरे, राजदरबारी, नौकर सभी का वर्णन करने में सक्षम बनाता है। ये सभी गुण उनकी रचनाओं को विश्व-साहित्य में सम्मिलित करते हैं। यद्यपि उनकी विषय-वस्तु भारतीय है तथापि उसमें सम्पूर्ण मानवता की संवेदना है। भारत में कालिदास संस्कृत साहित्य के महान् कवि और नाटककार माने जाते हैं। जब हम कवियों की गणना करते हैं तो कालिदास प्रथम और अन्तिम हैं क्योंकि उन जैसा दूसरा कोई आज तक पैदा नहीं हुआ।

परम्परा के अनुसार कालिदास उज्जयनी के उन राजा विक्रमादित्य के समकालीन हैं जिन्होंने ईसा से 57 वर्ष पूर्व विक्रम सम्वत् चलाया। विक्रमोर्वशीय के नायक पुरुरवा के नाम का विक्रम में परिवर्तन से इस तर्क को बल मिलता है कि कालिदास उज्जयनी के राजा

विक्रमादित्य के राजदरबारी कवि थे। अग्निमित्र, जो मालविकाग्निमित्र नाटक का नायक है, कोई सुविख्यात राजा नहीं था, इसीलिए कालिदास ने उसे विशिष्टता प्रदान नहीं की। उसका काल ईसा से दो शताब्दी पूर्व का है और विदिशा उसकी राजधानी थी। कालिदास के द्वारा इस कथा के चुनाव और मेघदूत में एक प्रसिद्ध राजा की राजधानी के रूप में उसके उल्लेख से यह निष्कर्ष निकलता है कि कालिदास अग्निमित्र के समकालीन थे। यह स्पष्ट है कि कालिदास का उत्कर्ष अग्निमित्र के बाद (150 ई. पू.) और 634 ई. से पूर्व तक रहा है, जो कि प्रसिद्ध ऐहोल के शिलालेख की तिथि है, जिसमें कालिदास का महान् कवि के रूप में उल्लेख है। यदि इस मान्यता को स्वीकार कर लिया जाए कि माण्डा की कविताओं या 473 ई. के शिलालेख में कालिदास के लेखन की जानकारी का उल्लेख है, तो उनका काल चौथी शताब्दी के अन्त के बाद का नहीं हो सकता। अश्वघोष के बुद्धचरित और कालिदास की कृतियों में समानताएं हैं। यदि अश्वघोष कालिदास के ऋणी हैं तो कालिदास का काल प्रथम शताब्दी ई. से पूर्व का है और यदि कालिदास अश्वघोष के ऋणी हैं तो कालिदास का काल ईसा की प्रथम शताब्दी के बाद का ठहरेगा।

ऐसी मान्यता है कि कालिदास गुप्त काल के थे और वे उन चन्द्रगुप्त द्वितीय के राज्य में थे जिन्हें 'विक्रमादित्य' की पदवी प्राप्त थी, वे 345 ई. में सत्ता में आए और उन्होंने 414 ई. तक शासन किया। हम कोई भी तिथि स्वीकार करें, वह हमारा उचित अनुमान भर है और इससे अधिक कुछ नहीं।

चूंकि कालिदास ने अपने बारे में बहुत कम कहा है अत: उन अनेक रचनाओं के बारे में जो उनकी मानी जाती हैं, निश्चयपूर्वक कुछ नहीं कहा जा सकता। फिर भी, निम्नलिखित रचनाओं के सम्बन्ध में आम सहमति यह है कि वे कालिदास की हैं :

1. **अभिज्ञान-शांकुतल** : सात अंकों का नाटक जिसमें दुष्यन्त और शकुन्तला के प्रेम और विवाह का वर्णन है।

2. **विक्रमोर्वशीय** : पांच अंकों का नाटक जिसमें पुरुरवा और उर्वशी के प्रेम और विवाह का वर्णन है।

3. **मालविकाग्निमित्र** : पांच अंकों का नाटक जिसमें मालिविका और अग्निमित्र के प्रेम का वर्णन है।

4. **रघुवंश** : उन्नीस सर्गों का महाकाव्य जिसमें सूर्यवंशी राजाओं के जीवन चरित्र हैं।

5. **कुमारसम्भव** : सत्रह सर्गों का महाकाव्य जिसमें शिव और पार्वती के विवाह और कुमार के जन्म का वर्णन है जो युद्ध के देवता हैं।

6. **मेघदूत** : एक सौ ग्यारह छन्दों[1] की कविता जिसमें यक्ष द्वारा अपनी पत्नी को मेघ द्वारा पहुंचाए गए सन्देश का वर्णन है।

7. **ऋतुसंहार** : इसमें ऋतुओं का वर्णन है।

---

1. किसी-किसी पाण्डुलिपि में अधिक छन्द भी हैं।

कालिदास अपनी विषय-वस्तु देश की सांस्कृतिक विरासत से लेते हैं और उसे वे अपने उद्देश्य की प्राप्ति के अनुरूप ढाल देते हैं। उदाहरणार्थ, अभिज्ञान शाकुन्तल की कथा में शकुन्तला चतुर, सांसारिक युवा नारी है और दुष्यन्त स्वार्थी प्रेमी है। इसमें कवि तपोवन की कन्या में प्रेमभावना के प्रथम प्रस्फुटन से लेकर वियोग, कुण्ठा आदि की अवस्थाओं में से होकर उसे उसकी समग्रता तक दिखाना चाहता है। उन्हीं के शब्दों में नाटक में जीवन की विविधता होनी चाहिए और उसमें विभिन्न रुचियों के व्यक्तियों के लिए सौन्दर्य और माधुर्य होना चाहिए।

त्रैगुण्योद्भवम् अत्र लोक-चरितम् नानृतम् दृश्यते।
नाट्यम् भिन्न-रुचेर जनस्य बहुधापि एकम् समाराधनम्॥

कालिदास के जीवन के बारे में हमें विशेष जानकारी नहीं है। उनके नाम के बारे में अनेक किवदन्तियां प्रचलित हैं जिनका कोई ऐतिहासिक मूल्य नहीं है। उनकी कृतियों से यह विदित होता है कि वे ऐसे युग में रहे जिसमें वैभव और सुख-सुविधाएं थीं। संगीत तथा नृत्य और चित्र-कला से उन्हें विशेष प्रेम था। तत्कालीन ज्ञान-विज्ञान, विधि और दर्शन-तन्त्र तथा संस्कारों का उन्हें विशेष ज्ञान था। उन्होंने भारत की व्यापक यात्राएं कीं और वे हिमालय से कन्याकुमारी तक देश की भौगोलिक स्थिति से पूर्णतः परिचित प्रतीत होते हैं। हिमालय के उनके चित्रांकन जैसे विवरण और केसर की क्यारियों के चित्रण (जो कश्मीर में पैदा होती है) ऐसे हैं जैसे उनसे उनका बहुत निकट का परिचय है।

जो बात यह महान् कलाकार अपनी लेखनी के स्पर्श मात्र से कह जाता है अन्य उसे अपने विशद वर्णन के उपरान्त भी नहीं कह पाते। कम शब्दों में अधिक भाव प्रकट कर देने और कथन की स्वाभाविकता के लिए कालिदास प्रसिद्ध हैं। उनकी उक्तियों में ध्वनि और अर्थ का तादात्म्य मिलता है। उनके शब्द-चित्र सौन्दर्यमय और सर्वांगीण सम्पूर्ण हैं, जैसे—एक पूर्ण गतिमान राजसी रथ,[1] दौड़ते हुए मृग-शावक,[2] उर्वशी का फूट-फूटकर आंसू बहाना,[3] चलायमान कल्पवृक्ष की भांति अन्तरिक्ष में नारद का प्रकट होना,[4] उपमा और रूपकों के प्रयोग में वे सर्वोपरि हैं।

सरसिजमनुविद्धं शैवालेनापि रम्यं
मलिनमपि हिमांशोर्लक्ष्म लक्ष्मीं तनोति।
इयमिधकमनोज्ञा वल्कलेनापि तन्वी
किमिह मधुराणां मण्डनं नाकृतीनाम्॥

'कमल यद्यपि शिवाल में लिपटा है, फिर भी सुन्दर है। चन्द्रमा का कलंक, यद्यपि काला है, किन्तु उसकी सुन्दरता बढ़ाता है। ये जो पतली कन्या है, इसने यद्यपि वल्कल-वस्त्र

1. विक्रमोर्वशीय, 1.4
2. अभिज्ञान-शाकुन्तल, 1.7
3. विक्रमोर्वशीय, छन्द 15
4. वही, छन्द 19.

धारण किए हुए हैं तथापि वह और सुन्दर दिखाई दे रही है। क्योंकि सुन्दर रूप को क्या सुशोभित नहीं कर सकता?'[1]

कालिदास की रचनाओं में सीधी उपदेशात्मक शैली नहीं है अपितु प्रीतमा पत्नी के विनम्र निवेदन सा मनुहार है। मम्मट कहते हैं : 'कान्तासम्मिततयोपदेशायुजे।' उच्च आदर्शों के कलात्मक प्रस्तुतीकरण से कलाकार हमें उन्हें अपनाने को विवश करता है। हमारे समक्ष जो पात्र आते हैं हम उन्हीं के अनुरूप जीवन में आचरण करने लगते हैं और इससे हमें व्यापक रूप में मानवता को समझने में सहायता मिलती है। एक महान् सांस्कृतिक विरासत पर कालिदास के समृद्ध एवं उज्ज्वल व्यक्तित्व की छाप है और उन्होंने अपनी रचनाओं में मोक्ष, व्यवस्था और प्रेम के आदर्शों को अभिव्यक्ति दी है। उन्होंने व्यक्ति को संसार के दुःख-दर्द और संघर्षों से अवगत कराने के लिए, प्रेम-वासना, इच्छा-आकांक्षा, आशा-स्वप्न, सफलता-विफलता आदि को अभिव्यक्ति दी है। भारत ने जीवन को अपनी समग्रता में देखा है और उसमें किसी भी विखण्डन का विरोध किया है। कवि ने उन मानसिक द्वन्द्वों का वर्णन किया है जो आत्मा को विभक्त करते हैं और इस तरह उन्होंने इसे समग्रता में देखने में हमारी सहायता की है।

कालिदास की रचनाओं में हमारे लिए सौन्दर्य के क्षण, साहसिक घटनाएं, त्याग के दृश्य और मानव मन की नित-नित बदलती मनःस्थितियों के रूप संरक्षित हैं। उनकी कृतियां मानव प्रारब्ध के वर्णनातीत चित्रण के लिए सदैव पढ़ी जाती रहेंगी क्योंकि कोई महान् कवि ही ऐसी प्रस्तुतियां दे सकता है। उनकी अनेक पंक्तियां संस्कृत में सूक्तियां बन गई हैं।

उनकी मान्यता है कि हिमालय क्षेत्र में विकसित संस्कृति विश्व की संस्कृतियों की मापदण्ड हो सकती है। यह संस्कृति मूलतः आध्यात्मिक है। हम सभी सामान्यतः समय-चक्र में कैद हैं और इसीलिए हम अपने अस्तित्व की संकीर्ण सीमाओं में घिरे हैं। अतः हमारा उद्देश्य अपने मोहजालों से मुक्त होकर चेतना के उस सत्य को पाने का होना चाहिए जो देश-काल से परे है जो अजन्मा, चरम और कालातीत है। हम इसका चिन्तन नहीं कर सकते, इसे वर्गों, आकारों और शब्दों में विभाजित नहीं कर सकते। इस चरम सत्य की अनुभूति का ज्ञान ही मानव का उद्देश्य है। रघुवंश के इन शब्दों को देखिए—'ब्रह्माभूयम् गतिम् अजागम्।' ज्ञानी पुरुष कालातीत परम सत्य के जीवन को प्राप्त होते हैं।

वह जो चरम सत्य है सभी अज्ञान से परे है और वह आत्मा और पदार्थ के विभाजन से ऊपर है। वह सर्वज्ञ, सर्वव्यापक और सर्वशक्तिमान है। वह अपने को तीन रूपों में व्यक्त करता है (त्रिमूर्ति) ब्रह्मा, विष्णु तथा शिव—कर्त्ता, पालक तथा संहारक। ये देव समान पद वाले हैं और कोई भी इनमें से पूजा के लिए अपनी रुचि के किसी भी रूप को चुन सकता है। आम जीवन में कालिदास शिवतन्त्र के उपासक हैं। तीनों

1. अभिज्ञान शाकुन्तल, 1.17

नाटकों—अभिज्ञान शाकुन्तल, विक्रमोर्वशीय, मालविकाग्निमित्र—की आरम्भिक प्रार्थनाओं से प्रकट होता है कि कालिदास शिव-उपासक थे। देखिए रघुवंश के आरम्भिक श्लोक में :

जगतः पितरौ वन्दे पार्वती-परमेश्वरौ।

यद्यपि कालिदास परमात्मा के शिव रूप के उपासक हैं तथापि उनका दृष्टिकोण किसी भी प्रकार संकीर्ण नहीं है। परम्परागत हिन्दू धर्म के प्रति उनका दृष्टिकोण उदार है। दूसरों के विश्वासों को उन्होंने सम्मान की दृष्टि से देखा।

कालिदास की सभी धर्मों के प्रति सहानुभूति है और वे दुराग्रह और धर्मान्धता से मुक्त हैं। कोई भी व्यक्ति वह मार्ग चुन सकता है जो उसे अच्छा लगता है क्योंकि अन्ततः ईश्वर के विभिन्न रूप एक ही ईश्वर के विभिन्न रूप हैं जो सभी रूपों में निराकार है।

कालिदास पुनर्जन्म के सिद्धान्त को मानते हैं। यह जीवन में पूर्णता के मार्ग की एक अवस्था है। जैसे हमारा वर्तमान जीवन पूर्व कर्मों का फल है वैसे ही हम इस जन्म में प्रयासों से अपना भविष्य सुधार सकते हैं। विश्व पर सदाचार का शासन है। विजय अन्ततः अच्छाई की होगी। यदि कालिदास की रचनाएं दुखान्त नहीं हैं तो उसका कारण यह कि वे सामंजस्य और शालीनता के अन्तिम सत्य को स्वीकारते हैं। इस मान्यता के अन्तर्गत वे अधिकांश स्त्री-पुरुषों के दुःख-दर्दों के प्रति हमारी सहानुभूति को मोड़ देते हैं।

कालिदास की रचनाओं से इस गलत धारणा का निराकरण हो जाता है कि हिन्दू मस्तिष्क ने ज्ञान-ध्यान पर अधिक ध्यान दिया और सांसारिक दुःख-दर्दों की उन्होंने अवहेलना की। कालिदास के अनुभव का क्षेत्र व्यापक था। उन्होंने जीवन, लोक, चित्रों और फूलों में समान आनन्द लिया। उन्होंने मानव को सृष्टि (ब्रह्माण्ड) और धर्म की शक्तियों से अलग करके नहीं देखा। उन्हें मानव के सभी प्रकार के दुःखों, आकांक्षाओं, क्षणिक खुशियों और अन्तहीन आशाओं का ज्ञान था। वे धर्म, अर्थ, काम और मोक्ष—मानव जीवन के चार पुरुषार्थों में सामंजस्य के पोषक थे। अर्थ पर, जिसमें राजनीति और कला भी सम्मिलित है धर्म का शासन रहना चाहिए। साध्य और साधन में परस्पर सह-सम्बन्ध है। जीवन वैध (मान्य) सम्बन्धों से ही जीने योग्य रहता है। इन सम्बन्धों को स्वच्छ और उज्ज्वल बनाना ही कवि का उद्देश्य था।

इतिहास प्राकृतिक तथ्य न होकर नैतिक सत्य है। यह काल-क्रम का लेखा-जोखा मात्र नहीं है। इसका सार अध्यात्म में निहित है जो आगे की पीढ़ियों को ज्ञान प्रदान करता है। इतिहासकारों को अज्ञान को भेद कर उस आन्तरिक नैतिक गतिशीलता को आत्मसात करना चाहिए। इतिहास मानव की नैतिक इच्छा का फल है जिसकी अभिव्यक्तियां स्वतन्त्रता और सृजन हैं।

रघुवंश के राजा जन्म से ही निष्कलंक थे। धरती से लेकर समुद्र तक (आसमुद्र

क्षितिसानाम्) इनका व्यापक क्षेत्र में शासन था। इन्होंने धन का संग्रह दान के लिए किया, सत्य के लिए चुने हुए शब्द कहे, विजय की आकांक्षा यश के लिए की और गृहस्थ जीवन पुत्रेष्णा के लिए रखा। बचपन में शिक्षा, युवावस्था में जीवन के सुखभोग, वृद्धावस्था में आध्यात्मिक जीवन और अन्त में योग या ध्यान द्वारा शरीर का त्याग किया।

राजाओं ने राजस्व की वसूली जन-कल्याण के लिए की, 'प्रजानाम् एव भूत्यार्थम्' जैसे सूर्य जल लेता है और उसे सहस्रगुणा करके लौटा देता है। राजाओं का लक्ष्य धर्म और न्याय होना चाहिए। राजा ही प्रजा का सच्चा पिता है, वह उन्हें शिक्षा देता है, उनकी रक्षा करता है और उन्हें जीविका प्रदान करता है जबकि उनके माता-पिता केवल उनके भौतिक जन्म के हेतु हैं।

राजा अज के राज्य में प्रत्येक व्यक्ति यही मानता था कि राजा उनका व्यक्तिगत मित्र है।

शाकुन्तलं में तपस्वी राजा से कहता है : 'आपके शस्त्र त्रस्त और पीड़ितों की रक्षा के लिए हैं न कि निर्दोषों पर प्रहार के लिए।' 'आर्त त्राणाय वाह शस्त्रम् न प्रहारतुम् अनगसि।'

दुष्यन्त एवं शकुन्तला का पुत्र भरत, जिसके नाम पर इस देश का नाम भारत पड़ा है, सर्वदमन भी कहलाता है—यह केवल इसलिए नहीं कि उसने केवल भयानक वन्य पशुओं पर विजय पायी अपितु उसमें आत्मसंयम भी था। राजा के लिए आत्मसंयम भी अनिवार्य है।

रघुवंश में अग्निवर्ण दुराचारी हो जाता है। उसके अन्तःपुर में इतनी अधिक नारियां हैं कि वह उनका सही नाम तक नहीं जान पाता। उसे क्षय हो जाता है और उस अवस्था में भी भोग का आनन्द नहीं छोड़ पाता और उसकी मृत्यु हो जाती है।

शालीन मानव-जीवन के लिए संयम अनिवार्य है। कालिदास कहते हैं : 'हे कल्याणी, खान से निकलने के उपरान्त भी कोई भी रत्न स्वर्ण में नहीं जड़ा जाता, जब तक उसे तराशा नहीं जाता।'

यद्यपि कालिदास की कृतियों में तप को भव्यता प्रदान की गई है और साधु और तपस्वियों को पूजनीय रूप में प्रस्तुत किया गया है, तथापि कहीं भी भिक्षापात्र की सराहना नहीं की गई।

धर्म के नियम जड़ एवं अपरिवर्तनीय नहीं हैं। परम्परा को अपनी अन्तर्दृष्टि और ज्ञान से सही अर्थ दिया जाना चाहिए। परम्परा और व्यक्तिगत अनुभव एक-दूसरे के पूरक हैं। जहां हमें एक ओर अतीत विरासत में मिला है वहीं हम दूसरी ओर भविष्य के न्यासधारी (ट्रस्टी) हैं। अपने अन्तिम विश्लेषण में प्रत्येक को सही आचरण के लिए अपने अन्तःकरण में झांकना चाहिए। भगवतगीता के आरम्भिक अध्याय में जब अर्जुन क्षत्रिय होने के नाते समाज द्वारा आरोपित युद्ध करने के अपने दायित्व से मना करते हैं

और जब सुकरात कहते हैं, 'एथेंसवासियो! मैं ईश्वर की आज्ञा का पालन करूंगा, तुम्हारी आज्ञा का नहीं।' तो वे ऐसा अपनी अन्तर्रात्मा के निर्देश पर कहते हैं न कि किसी बंधे-बंधाए नियमों के अनुपालन के कारण।

आरम्भिक वैदिक साहित्य में जड़-चेतन की एकरूपता का निरूपण है और अनेक वैदिक देवी-देवता प्रकृति के प्रमुख पक्षों का प्रतिनिधित्व करते हैं। आत्मज्ञान की खोज में प्रकृति की शरण में जाने, हिमशृंगों पर जाने या तपोवन में जाने का विचार बहुत प्राचीन काल से हमारे यहां विद्यमान रहा है। मानव के रूप में हमारी जड़ें प्रकृति में हैं और हम नाना रूपों में इसे जीवन में देखते हैं। रात और दिन, ऋतु-परिवर्तन—ये सब मानव-मन के परिवर्तन, विविधता और चंचलता के प्रतीक हैं। कालिदास के लिए प्रकृति यन्त्रवत् और निर्जीव नहीं है। इसमें एक संगीत है। कालिदास के पात्र पेड़-पौधों, पर्वतों तथा नदियों के प्रति संवेदनशील हैं और पशुओं के प्रति उनमें भ्रातृभावना है। हमें उनकी कृतियों में खिले हुए फूल, उड़ते पक्षी और उछलते-कूदते पशुओं के वर्णन दिखाई देते हैं। रघुवंश में हमें गाय के प्रेम का अनुपम वर्णम मिलता है। ऋतुसंहार में षट ऋतुओं का हृदयस्पर्शी विवरण है। ये विवरण केवल कालिदास के प्राकृतिक-सौन्दर्य के प्रति उनकी दृष्टि को ही नहीं अपितु मानव-मन के विविध रूपों और आकांक्षाओं की समझ को भी प्रकट करते हैं।

कालिदास के लिए नदियों, पर्वतों, वन-वृक्षों में चेतन व्यक्तित्व है जैसा कि पशुओं, मनुष्यों और देवों में है।

शकुन्तला प्रकृति की कन्या है। जब उसे उसकी अमानुषी मां मेनका ने त्याग दिया तो आकाशगामी पक्षियों ने उसे उठाया और तब तक उसका पालन-पोषण किया जब तक कि कण्व ऋषि अपने आश्रम में उसे नहीं ले गए। शकुन्तला ने पौधों को सींचा, उन्हें अपने साथ-साथ बढ़ते देखा और जब उनके ऊपर फल-फूल आए तो ऐसे अवसरों को उसने उत्सवों की भांति मनाया।

शकुंतला के विवाह के अवसर पर वृक्षों ने उपहार दिए, वनदेवियों ने पुष्प-वर्षा की, कोयलो ने प्रसन्नता के गीत गाए। शकुंतला की विदाई के समय आश्रम दुःख से भर उठा। मृगों के मुख से चारा छूट कर गिर पडा, मयूरों का नृत्य रुक गया और लताओं ने अपने पत्रों के रूप में अश्रु गिराए।

सीता के परित्याग के समय मयूरों ने अपना नृत्य एकदम बन्द कर दिया, वृक्षों ने अपने पुष्प झाड़ दिए और मृगियों ने आधे चबाए हुए दूर्वादलों को मुंह से गिरा दिया।

कालिदास कोई विषय चुनते हैं और आंख में उसका एक सजीव चित्र उतार लेते हैं। मानस-चित्रों की रचना में वे बेजोड़ हैं।

कालिदास का प्रकृति का ज्ञान यथार्थ ही नहीं था अपितु सहानुभूतिपूर्ण भी था। उनकी दृष्टि कल्पना से संयुक्त है।

कोई भी व्यक्ति तब तक पूर्णतः महिमामण्डित नहीं हो सकता जब तक कि वह

मानव जीवन से इतर जीवन की महिमा और मूल्यों को नहीं जानता। हमें जीवन के समग्र रूपों के प्रति संवेदना विकसित करनी चाहिए। सृष्टि केवल मनुष्य के लिए नहीं रची गई है।

पुरुष और नारी के प्रेम ने कालिदास को आकर्षित किया और प्रेम के विविध रूपों के चित्रण में उन्होंने अपनी समृद्ध कल्पना का खुलकर उपयोग किया है। इसमें उनकी कोई सीमाएं नहीं हैं। उनकी नारियों में पुरुषों की अपेक्षा अधिक आकर्षण है क्योंकि उनमें कालातीत और सार्वभौम गुण हैं जबकि पुरुष पात्र संवेदना शून्य और अस्थिर बुद्धि हैं। उनकी संवेदना सतही है जबकि नारी का दु:ख-दर्द अन्तरतम का है। पुरुष में स्पर्धा की भावना और स्वाभिमान उसके कार्यालय, कारखाने या रणक्षेत्र में उपयोगी हो सकते हैं पर उनकी तुलना नारी के सुसंस्कार, सौन्दर्य और शालीनता के गुणों से नहीं हो सकती। अपने व्यवस्था और सामंजस्य के प्रेम के कारण नारी परम्परा (संस्कृति) को जीवित रखती है।

जब कालिदास नारी के सौन्दर्य का वर्णन करते हैं तो वे शास्त्रीय शैली को अपनाते हैं और ऐसा करते समय वे अपने विवरणों के वासनाजन्य होने या अतिविस्तृत हो जाने का खतरा मोल लेते हैं। मेघदूत में 'मेघ' को 'यक्ष' अपनी पत्नी का विवरण (हुलिया) इस प्रकार देता है :

'नारियों में वह ऐसी है मानो विधाता ने उसकी रचना सर्वप्रथम की है, पतली और गोरी है, दांत पतले और सुन्दर हैं। नीचे का ओष्ठ पके बिम्ब फल (कुंदरू) की भांति लाल है। कमर पतली है। आंखें उसकी चकित हिरणी जैसी हैं। नाभि गहरी है तथा चाल उसकी नितम्बभार से मन्द और स्तनभार से आगे की ओर झुकी हुई है।'

कालिदास द्वारा प्रस्तुत की गई नारियों में हमें अनेक रोचक प्रकार दिखाई देते हैं। उनमें से अनेक को समाज के परम्परागत बहानों और सफाई की आवश्यकता नहीं है। उनके द्वन्द्व और तनावों को सामंजस्य की आवश्यकता थी। पुरुष सन्देहमुक्त अनुभव करते थे और वे पूर्ण सुरक्षित थे। बहुविवाह उनके लिए आम बात थी, परन्तु कालिदास की नारियां कल्पनाशील और चतुर हैं अत: वे सन्देह और अनिश्चय के घेरे में आ जाती हैं। वे सामान्यत: अस्थिर नहीं हैं परन्तु वे विश्वसनीय, निष्ठावान तथा प्रेममय हैं।

प्रेम के लिए झेली गई कठिनाइयां और यातनाएं प्रेम को और गहन बनाती हैं। मेघदूत में अजविलाप और रतिविलाप में वियोग की करुणामय मार्मिक अभिव्यक्ति है।

प्रेम का संयोग रूप विक्रमोर्वशीय में है।

मालविकाग्निमित्र में रानी को धरिणी कहा गया है क्योंकि वह सब कुछ सहती है। उसमें गरिमा और सहिष्णुता है।

इरावती कामुक, अविवेकी, शंकालु, अतृप्त और मनमानी करने वाली है। जब राजा ने उसे छोड़कर मालविका को अपनाया तो वह कठोर शब्दों में शिकायत करती है और कटु शब्दों में राजा को फटकारती है।

मालविका के प्रति अग्निमित्र का प्रेम इन्द्रियपरक है। राजा दासी की सुन्दरता और लावण्य पर मोहित है। विक्रमोर्वशीय में पात्रों में दैवी और मानवीय गुणों का मिश्रण है। उर्वशी का चरित्र सामान्य जीवन से हटकर है। उसमें इतनी शक्ति है कि अदृश्य रूप में वह अपने प्रेमी को देख सकती है तथा उसकी बातें सुन सकती है। उसमें मातृप्रेम नहीं है क्योंकि वह अपने पति को खोने के स्थान पर अपने बच्चे का परित्याग कर देती है। उसका प्रेम स्वार्थजन्य है।

पुरुरवा भावविह्वल होकर प्रेम गीत गाता है जिसका भावार्थ यह है कि विश्व की सत्ता भी उतनी आनन्ददायक नहीं जितना प्रेम आनन्ददायक है। विफल प्रेमी के लिए संसार दुःख और निराशा से भरा है और सफल प्रेमी के लिए वह सुख और आनन्द से भरा है।

इस नाटक में हम प्रेम को फलीभूत होते देखते हैं। इसमें भूमि और आकाश एक होते हैं। भौतिक आकर्षण पर आधारित वासना नैतिक सौंदर्य और आध्यात्मिक ज्ञान में परिवर्तित होती है।

अभिज्ञान शाकुन्तलम् के प्रथम अंक में हम युवावस्था का समस्त भावावेश देखते हैं। तपोवन की कन्या वासना के प्रथम आवेग में महज भोलेपन में अपने को समर्पित कर देती है और राजा में पूर्ण विश्वास कर लेती है।

दुष्यन्त अपनी विस्मरणशीलता के कारण शकुन्तला को नहीं पहचान पाता। शकुन्तला ने वह सब सर्वाधिक दुःख सहा जो एक सती-साध्वी नारी सह सकती है। वह अपने पति द्वारा अस्वीकार की जाती है और अपमानित होती है। दुष्यन्त और शकुन्तला दोनों पहले दुःख सहते हैं, दुःख से वे संयम में आते हैं और बाद में वे आध्यात्मिक सुख भोगते हैं। यौवन का झोंका बीत गया है। वासना की आंधी रुक गई है। प्रेम की विजय उच्च स्तर पर होती है और सुख की क्षणिक चमक अन्त में आनन्द के स्थिर जीवन में प्रकट होती है। वासना जीवन के सुविचारों से जुड़ जाती है। प्रकृति और सौन्दर्य मिलकर एक हो जाते हैं।

कालिदास प्रेमियों के प्रथम मिलन को आचरण से गिरना नहीं मानते। वे पापी या दुराचारी नहीं हैं पर उन्हें अपने व्यक्तित्व के विकास के लिए कष्ट झेलने होंगे।

अपनी स्वर्ग प्राप्ति की कामना में पार्वती और शकुन्तला दोनों को नरक की सीमा को पार करना पड़ा।

जीवन में काम का आध्यात्मिक जीवन से विरोध नहीं है। नियम और संयम में बंधा हुआ काम अपनी प्रकृति में आध्यात्मिक है। कोई भी, गृहस्थ-जीवन भी भोग सकता है और साथ ही स्वभाव से साधु हो सकता है। उपनिषद् में कहा है : त्याग से भोग करो, 'त्यक्तेन भुंजीथा'।

जीवन का उद्देश्य आनन्द और सात्विकता है न कि विलासिता या इन्द्रिय-सुखभोग। मानव रूप में अपनी प्रकृति की परिपूर्णता ही आनन्द है। प्रेम का

उद्देश्य पुरुष और नारी का सुखद सौमनस्य है। 'अर्धनारीश्वर' की धारणा से इसकी पुष्टि होती है। पत्नी पति की नहीं होती अपितु वह उससे मिलकर उसे पूर्ण करती है।

पत्नी समस्त समाज-कल्याण का मूल है।
'क्रियानाम् खलु धर्म्यानाम् सपत्न्यो मूलकारणम्।'

पत्नी सहधर्मकारिणी है।

वह पति के साथ उसके सभी कर्त्तव्यों (धर्म) की सहकारिणी है। अज के लिए इन्दुमती गृहिणी है, परामर्शदाता है, सखी (मित्र) है, विश्वासपात्र है और ललित कलाओं को सीखने में प्रिय शिष्य है।

'गृहिणी सचिव सखी मितः प्रिय शिष्या ललित कला विधायु।'

कालिदास मानते हैं कि विवाह सन्तानोत्पत्ति में पूर्णता प्राप्त करता है।

रघुवंश में कालिदास कहते हैं कि दिलीप और सुदक्षिणा अपने पुत्र के जन्म के समय उसी प्रकार प्रसन्न हुए जैसे उमा एवं शिव कार्तिकेय के जन्म पर और इन्द्र और शची जयन्त के जन्म पर हर्षित हुए थे। दुष्यन्त और शकुन्तला के विवाह ने अपने पुत्र भरत के जन्म में पूर्णता प्राप्त की। शिव और पार्वती के विवाह का प्रमुख उद्देश्य ही कुमार का जन्म था। कालिदास को बच्चों से प्रेम है जैसा कि उनके भरत, अमुष, रघु और कुमार के विवरणों से स्पष्ट है।

कालिदास के लिए ज्ञान का मार्ग, जीवन के विभिन्न उद्देश्यों के समन्वित पालन और व्यक्तित्व के सुगठित विकास में निहित है। इन आदर्शों की छाप वे हमारे मस्तिष्क पर कविता के जादू, कल्पना की समृद्धि, मानव प्रकृति की गहन जानकारी और मानव मन के सर्वाधिक सुकोमल भावों की मार्मिक अभिव्यक्ति के द्वारा डालते हैं।

गुरु नानक

[1469 – 1539 ई.]

हमारे देश के इतिहास में प्रकाश और अन्धकार, सुख और दुःख, जय और पराजय के काल आते रहे हैं। जब-जब हम अन्धकार के युगों से निकले हैं कोई न कोई महापुरुष अवतरित हुआ जिसने हमें सत्य का मार्ग दिखाया तथा हमें बताया कि अपने जीवन में हम कैसे महान ऋषियों के बताए मार्ग से भटक गए हैं। नानक का जन्म भी ऐसे ही संकट के समय हुआ—यह संकट राजनैतिक तथा सामाजिक नहीं था अपितु नैतिक और आध्यात्मिक था। लोग दिखावटी धर्माचरण के पालन, धर्म-उत्सवों को मनाने और अर्थहीन धर्मान्धता को स्वीकार किए हुए थे। इससे वे एक-दूसरे के साथ जुड़ने के स्थान पर एक दूसरे से अलग हो रहे थे। यह एक सामाजिक अव्यवस्था का युग था जो सही दृष्टि रखने वाले लोगों के लिए अरुचिकर था। गुरु नानक ने इसीलिए इन बातों पर बल दिया जो किसी भी सच्चे धर्म के केन्द्रीय सिद्धान्त कहे जा सकते हैं—आन्तरिक सजगता और बाह्य कुशलता। ये बातें थीं जिन पर उन्होंने बल दिया।

नानक ने ओंकार पर बल दिया। इसी में उनका विश्वास था। पर यह ओंकार क्या था ? यदि आप जानना चाहें कि ओंकार का क्या अर्थ है तो यह तीन अक्षर अर्थात् 'अ', 'उ' और 'म्' का (अकार, उकार और मकार) संयुक्त रूप है। 'अ' का अर्थ है जाग्रत अवस्था, 'उ' का अर्थ है स्वप्नावस्था और 'म' का अर्थ है सुषुप्ति अवस्था। ये तीनों अवस्थाएं मिलकर प्रणव या ओंकार में एकाकार हो जाती हैं। ओंकार हमें सत्य से साक्षात् कराता है। इसमें मानव चेतना की जागृत, स्वप्न और सुषुप्ति अवस्थाएं समाहित हैं। मानव चेतना की अन्य कोई अवस्था नहीं है। अतः ये सभी मिलकर एक ही सत्य में समाहित हैं। गुरु नानक धार्मिक हठधर्मिता के विवाद में नहीं पड़ते क्योंकि ओंकार को अदृश्य, गुणातीत और भावातीत कहा गया है—शिवम्, शान्तम्, अद्वैतम्। यह एक मूल सत्य है। सत्य ही सर्वोपरि है—सतनाम। ईश्वर ही सत्य है, और सत्य से ऊपर कुछ भी नहीं है।

नानक ने यह भी कहा कि यदि कोई यह जानना चाहता है कि यह सत्य क्या है

तो उसके लिए यह अनिवार्य है कि वह अपने हृदय के गुप्त भाग में प्रवेश करे। परमात्मा ऊपर आसमान में नहीं है। न वह तारों में है। न वह यहां समुद्र में है। वह तो मानव के अन्तःकरण में है। यह वह मनुष्य है जो सच्चे अर्थों में धार्मिक है, जिसे परमात्मा का नशा है, जो परमात्मा को अपने में मानता है और जिसने अपने अस्तित्व का अर्थ समझा है। हमारे देश में ऐसे ही लोगों को धार्मिक कहा गया है न कि ऐसे लोगों को जो जाप करते हैं या मन्दिरों में जाते हैं। हो सकता है ऐसे लोग ईश्वर-प्राप्ति के मार्ग में हों पर जिसने ईश्वर को पाया है वह ऐसा व्यक्ति होगा जिसने ईश्वर को अपने अन्तःकरण में देखा है।

प्रत्येक व्यक्ति के हृदय में एक ऐसा गुप्त स्थान है जहां ईश्वर है, उसे छुआ जा सकता है और अनुभव किया जा सकता है। यही हमारा कर्त्तव्य है। प्रार्थनाएं, ध्यान और आध्यात्मिक क्रियाएं ये सभी उपाय हैं जिनसे हम यह ज्ञात कर सकते हैं कि हमारे अन्दर वह कहां है। सभी सच्चे धर्मों का यही उद्देश्य है।

इसका अभिप्राय यह नहीं है कि हम मठ या विहारों की शरण लें या पर्वत-शिखरों पर चले जाएं, शरीर को कष्ट दें या मानसिक यातना भोगें और संसार को छोड़ दें। जो लोग ऐसा करते हैं वे वास्तव में धार्मिक नहीं हैं। जो मनुष्य अपने कर्त्तव्य की अवहेलना करते हैं और केवल कृष्ण-कृष्ण कहते हैं, ईश्वर के शत्रु हैं, वे अज्ञानी पुरुष हैं जिन्हें यह नहीं मालूम कि सत्य क्या है? मानवता के लिए ईश्वर स्वयं इस संसार में अवतरित हुआ है। यदि उसने ऐसा किया है तो क्या अपने दैनिक आचरण और राष्ट्रीय जीवन में अपनी गहन निष्ठा को व्यक्त करना हमारा कर्त्तव्य नहीं है?

अब समय आ गया है जब हमें गुरु नानक की इस वाणी को स्वीकार करना होगा कि नाम में कोई अन्तर नहीं है और विभिन्न मार्गों से भी कोई फर्क नहीं पड़ता। जिस व्यक्ति ने ईश्वर को देखा है वही सचमुच धार्मिक है न कि वे लोग जो बातें तो ईश्वर की करते हैं पर जीवन नास्तिकता का जीते हैं। जो व्यक्ति वास्तव में धार्मिक है वह ऐसा कार्य कभी नहीं करेगा जो उसकी आत्मा के प्रतिकूल है या जो किसी भी आशय में अपवित्र है।

गुरु नानक ने हमें सतनाम के बारे में बताया—जीवन में सदाचार या सात्विक जीवन व्यतीत करना। यह सर्वोच्च परीक्षा है, सतनाम बड़ा है पर उससे भी बड़ा प्रेम का व्यवहार है, दया की भावना है। यही उन्होंने हमें बताया है। हम बातें बड़ी-बड़ी करते हैं और उन पर आचरण बहुत कम। हम सब मिलकर परमात्मा के शरीर हैं। जो कोई इसको तोड़ेगा या टुकड़े-टुकड़े करेगा वह ईश्वर का शत्रु है। क्या हम अपने जीवन में यह सब रोज नहीं कर रहे हैं? क्या हम रोज मानवों को अलग-अलग नहीं कर रहे हैं? क्या हम इस मानव शरीर के टुकड़े-टुकड़े नहीं कर रहे और इस प्रकार स्वयं ईश्वर को सूली पर नहीं लटका रहे हैं? प्रतिदिन हम यही कर रहे हैं।

इसलिए हमें न केवल गुरु नानक के सतनाम और सदाचार के महान् उपदेशों को

याद रखना चाहिए अपितु हमें अपने जीवन के प्रत्येक क्षण अपने से पूछना चाहिए कि क्या हम जिन महान् उपदेशों को देते हैं उनका अपने जीवन में पालन भी करते हैं। यदि हम सचमुच इनका पालन कर रहे होते तो इतने सामाजिक मतभेद नहीं होते और न हम में इतने धार्मिक अन्तर होते। आरम्भ हम संयम से करें, संयम से सहिष्णुता आएगी, सहिष्णुता से दूसरों के प्रति सम्मान की भावना और हम उस सबका आदर करेंगे जो दूसरों के लिए पवित्र है। एक सच्ची धार्मिक आत्मा के लिए ऐसा ही दृष्टिकोण होना चाहिए। यदि आपके हृदय में घृणा है, यदि आपके मस्तिष्क में अज्ञान है, यदि आपके मन के अंधेरे कोनों में अंधविश्वास भरा है तो मैं निश्चयपूर्वक कहता हूं कि आप धार्मिक व्यक्ति नहीं हैं लेकिन आप धार्मिक व्यक्ति होने का बहाना कर रहे हैं। सही अर्थों में धार्मिक व्यक्ति के मन में प्रकाश, आनन्द और सम्पूर्ण मानवता के लिए दयाभाव होगा।

ऐसे समय में जब हम में से अधिकांश व्यक्ति संसार के माया-मोह में फंसे हुए हैं और जीवन नीरस और यन्त्रवत् होता जा रहा है जब हम बुद्धिवादी और धर्मनिरपेक्ष होते जा रहे हैं तो ऐसे समय यह याद रखना अच्छा रहेगा कि हमारे अस्तित्व का दूसरा आयाम भी है और यदि हम उसे पूरा नहीं कर सके तो हमारा जीवन अपूर्ण रहेगा। नानक जैसे महापुरुषों के वचन हमारे लिए प्रेरणा और प्रताड़ना देने वाले हैं। प्रेरणा इसलिए कि उनकी वाणी से हम यह अनुभव करते हैं कि हमारे अस्तित्व का एक और पक्ष है—आध्यात्मिक—जिसकी हम सामान्यतः अवहेलना कर देते हैं। इसलिए हम में से अधिकांश व्यक्ति इस संसार में अशान्त हैं। छोटी-छोटी बातों के लिए लड़ते हैं, और यह भूल जाते हैं कि हम सभी में एक प्रकाश का भी प्रकाश है—ज्योतिसम् ज्योतिः। यह प्रत्येक मानव में है। हम इसकी अवहेलना करते हैं। हमारी इस अवहेलना के कारण हम अपने अन्तःकरण से विमुख हो जाते हैं। हम सतही जीवन जीते हैं और हम अपने जीवन के अन्तर में नहीं झांकते। हम में से अधिकांश व्यक्ति बाह्य जीवन जीते हैं।

ऐसे समय में, जब हम संसार की वास्तविकताओं को भूल रहे थे, गुरु नानक ने हमारा ध्यान इस तथ्य की ओर दिलाया कि कोई वस्तु है जो पवित्र है, जो अपरिवर्तनशील है, कालातीत है, जो सभी कालों में विद्यमान है, उन्होंने हमें उस मूल चट्टान को बताया जिससे तराशकर हमें बनाया गया है, उस मूल स्रोत से अवगत कराया जो हमारे अस्तित्व का हेतु है।

नानक हमें फटकारते हैं क्योंकि हम अपना सही स्वरूप भूल गए हैं। हम सतही जीवन जी रहे हैं, हम दिखावटी आचरण कर रहे हैं। धार्मिक जीवन से अभिप्राय यह नहीं है कि हम ऐसा जीवन जियें जो संसार से विमुख है। अधिकांश व्यक्ति सोचते हैं कि सन्तों के जीवन में कुछ कठोरता और उदासीनता होती है। यह सत्य नहीं है। जो परमात्मा से साक्षात्कार करते हैं वे समाज के दुःख या विफलताओं के प्रति कठोर दृष्टिकोण नहीं रखते हैं और मानव के दुःखों के प्रति वे सहानुभूति का दृष्टिकोण रखते हैं

तथा वे उन दुःखों को पूरी तरह समझते हैं। वे उन सभी दुःख और यातनाओं को समझते हैं जो हम इस संसार में भोग रहे हैं, भाग्य और परिवर्तन, हम क्यों ठोकर खाते हैं, हम क्यों मोहों में फंस जाते हैं। इस प्रकार सन्त-जीवन गैर-संसारी नहीं है, यह मन की एक स्थिति है, एक ऐसा दृष्टिकोण है जिससे हम संसार की सभी वस्तुओं को देखते हैं। यह हम सभी मानते हैं। सबसे बड़े पैगम्बर वे हैं जो भूखों को खिलाते हुए दिखते हैं, बीमारों का उपचार कर रहे होते हैं और जो पापियों को क्षमा कर रहे होते हैं। ये काम हैं, जो वे करते हैं। इसलिए हमें यह समझना चाहिए कि साधुता या पवित्रता संसार-विमुखता नहीं है, यह तो इस दृष्टिकोण से संसार के दुःखों की सहभागिता है कि कोई सर्वोपरि है जिसका भरोसा किया जा सकता है और जो कभी हमें धोखा नहीं देता।

दूसरी शिक्षा जो नानक ने हमें दी वह यह है कि हमारे अनेक धर्मों का एक सामान्य आधार है। अपने समय में उन्होंने हिन्दू और मुसलमानों में परस्पर विरोध देखा और कहा कि तुम रूपों को लेकर, समारोहों को लेकर, सिद्धान्तों को लेकर, तीर्थों आदि को लेकर आपस में क्यों झगड़ते हो। इस प्रकार तुम देखोगे कि हम सभी उस एक ही सर्वोपरि की पूजा कर रहे हैं, हम सभी एक ही की खोज में तीर्थयात्री हैं। हम सभी जानना चाहते हैं कि परमात्मा कहां है? हम उस तक कैसे पहुंच सकते हैं? यही शिक्षा है जो उन्होंने हमें दी। संसार के सभी धर्म एक ही सामान्य धरातल पर हैं। अपने समय में नानक ने हिन्दू और मुसलमान दोनों को लेकर उन्हें बताया कि कुरान और पुराण एक ही शिक्षा देते हैं। चाहे मस्जिद हो या मन्दिर हमें एक ही परमात्मा दिखाई देता है। नानक की फटकार की आज भी हमें उतनी ही आवश्यकता है क्योंकि आज भी हम दिखावटी जीवन जी रहे हैं। हम सही अर्थ में धार्मिक नहीं हैं। हमने अपने अन्तःकरण को नहीं समझा है और उस सर्वोपरि को नहीं देखा जो वहां विद्यमान है। वही सर्वोपरि प्रत्येक मानव में रहता है और यदि हम आपस में लड़ते हैं तो हम उसे सूली पर लटका रहे हैं। ईश्वर सूली पर चढ़ गया है और उसके शरीर के टुकड़े-टुकड़े हो गये हैं। विभिन्न संस्कृतियों और धर्मों के इस युग में हमें यह जानना आवश्यक है कि एक सामान्य आधार है जिस पर सभी धर्मों की नींव खड़ी है। सब धर्मों में एक ही सत्य की विभिन्न रूपों में अभिव्यक्ति है। अतः यह एक आध्यात्मिक आयाम है। सन्त जीवन संसार से पलायन नहीं है। सारे धर्म हमें एक ही प्रकार का उपदेश देते हैं। जो आपस में लड़-झगड़ रहे हैं वस्तुतः धार्मिक नहीं हैं। ये कुछ उपदेश हैं जो नानक अपनी वाणी में हमें देते हैं।

यह एक सर्वविदित सत्य है कि सभी महान् कलाएं धार्मिक पथ-प्रदर्शकों के आसपास घूमती हैं : संगीत, चित्रकला, स्थापत्यकला और साहित्य सभी धर्म-गुरुओं से प्रेरणा लेते हैं। महान् गुरुजन हमें यही सिखाते हैं। वे हमें जातिप्रथा के उन्मूलन और छूआछूत आदि को दूर करने के लिए कहते हैं, पर हमें इन शिक्षाओं पर अमल करने में लम्बा समय लग जाता है। हम अब भी इन असमर्थताओं से पीड़ित हैं। गुरु नानक ने

स्वयं इनका खण्डन किया और हमें भी उनका खण्डन करने को कहा। पर हम अपने जीवन में फिर भी जाति-प्रथा का पालन कर रहे हैं। हम गुरु नानक की शिक्षाओं में केवल सिद्धान्त रूप में विश्वास करते हैं, व्यवहार में, हम उन शिक्षाओं को झुठला रहे हैं जो उन्होंने हमें दीं। इसलिए यह आवश्यक है कि हम सब अपना आत्मविश्लेषण करें। जिन झूठी प्रवृत्तियों और एषणाओं से हम ग्रस्त हैं, उनके विरुद्ध एक आन्तरिक युद्ध छेड़ें।

इतिहास के आरम्भ से ही हमारे बीच ऐसे व्यक्ति थे जिन्होंने हमें बताया—'वसुधैव कुटुम्बकम्' अर्थात् सम्पूर्ण मानवता के लिए सद्भावना। हम में से कितने लोग हैं जिन्होंने अपने जीवन में इस सत्य को चरितार्थ किया? आज हम सभी जानते हैं कि पहले की तुलना में हिंसा आज कहीं अधिक आम हो गयी है। फिर, ऐसा क्यों है कि हमारे महान् ऋषियों और सन्तों ने जो हमें उपदेश दिए थे—हम उन पर अमल करने में असमर्थ हैं। धर्म ऐसी चीज नहीं है जिसे आप खरीद सकते हैं या मन्दिर, गिरजा या गुरुद्वारे में जाकर प्राप्त कर सकते हैं। यह वह वस्तु है जिसका आचरण आप तभी कर सकते हैं जब आप निम्नस्तरीय मानव प्रवृत्तियों के विरुद्ध युद्ध छेड़ दें क्योंकि आज भी मानव प्रकृति पर इनका शासन है। यदि हम किसी महान् ऋषि या गुरु के सच्चे शिष्य बनना चाहते हैं तो ये कुछ बातें हैं, जिन्हें अलग करना होगा।

महान् गुरुओं ने हमसे नयी चेतना अपनाने को कहा था। क्या हमने अपने आचरण और दृष्टिकोण में कभी नए बनने का प्रयास किया है? हम हमेशा धर्म का पालन अपनी रीढ़ की हड्डी, मन्त्रोचारण, जप आदि के माध्यम से करते रहे हैं और यह सोचते रहे हैं कि हम धार्मिक हैं। पर एक सच्चा धार्मिक व्यक्ति इस प्रकार नहीं बनता। वह अपनी प्रवृत्ति में एक भिन्न प्रकार का आचरण लाता है। यह वह नई वस्तु है जो गुरु नानक देव की महानता में निहित है और यही वह बात है जो उनके उपदेशों को अपनाते समय हमें ध्यान में रखनी चाहिए। जात-पांत, अस्पर्श्यता, धार्मिक मतभेद—हिन्दू, मुस्लिम, सिख, ईसाई आदि—इन सभी भेदों से उन्होंने दूर रहने का उपदेश दिया और उन्होंने यह याद रखने को कहा कि हम सभी उसी एक परमात्मा के परिवार के सदस्य हैं।

स्वामी दयानंद सरस्वती

(1824–1883)

आधुनिक भारत के निर्माताओं में स्वामी दयानंद सरस्वती को प्रमुख स्थान दिया जायेगा। ऐसे समय में जब हमारे देश में आध्यात्मिक भ्रांतियां थीं, हमारी अनेक परंपराएं विकृत हो रही थीं, जब हम अंधविश्वासों और अस्पष्ट विचारों से घिरे थे तब इस महान आत्मा का आविर्भाव हुआ जिसमें सत्य के प्रति गहन निष्ठा थी, सामाजिक समता की सशक्त भावना थी और साहस था। उन्होंने हमारे देश, धर्म, राजनीति, समाज और संस्कृति के उद्धार के लिए कार्य किया।

पहले धर्म के पक्ष को ही लें—तर्क का नियम उनका मार्गदर्शक था। इस संबंध में उनकी अनेक उक्तियां हैं : कुछ लोग जलाशयों की पूजा करते हैं, कुछ गंगा आदि नदियों की पूजा करते हैं, कुछ ग्रहों की पूजा करते हैं, तो कुछ लोग मिट्टी और पत्थरों की प्रतिमाओं की पूजा करते हैं। पर ज्ञानियों के लिए परमात्मा अपने ही हृदय, अपनी ही आत्मा में रहता है। परमात्मा मानव के अंतःकरण में मिलेगा। हमारी संस्कृति ने ईश्वर तक पहुंचने के सभी मार्गों को स्थान दिया और इसीलिए मूर्ति पूजा को भी स्थान मिला।

सर्वोपरि स्थान ईश्वर की सर्वव्यापकता को दिया गया है। अतः इसे प्राप्त करने के लिए हमें ध्यान और धारणा की विधि अपनानी होगी। पर अनेक लोग परमात्मा पर अपना ध्यान केन्द्रित नहीं कर पाते। फिर भी, कुछ घुमंतू प्रकृति के हैं जिन्हें उस स्थिति तक भी नहीं लाया जा सकता। उन्हें किसी भी प्रकार परमात्मा के बारे में कुछ न कुछ तो बताना ही होगा। परंतु हमेशा बल परमात्मा के एक ही होने पर दिया जाना चाहिए। वेद हमें बताते हैं—सभी देवों का देव परमात्मा मूलतः एक ही है और उसके अनेक रूप नहीं हो सकते। जब हम महान आत्माओं और अवतारों की बात करते हैं तब हमें यह याद रखना चाहिए कि उनका आविर्भाव एक ही परमात्मा से हुआ है। विश्व में एक ही परमात्मा सर्वोपरि देव है। वह विविध रूपों में दिखाई दे सकता है पर कभी भी छाया को तत्त्व न समझें। तत्त्व केवल एक ही और सर्वोपरि है और हम सबका ध्यान उस सत्य

पर केन्द्रित होना चाहिए जिससे सब विभिन्न रूपों में अवतरित हुए माने जा सकते हैं।

परमात्मा का इस प्रकार अस्तित्व मात्र अनुमान नहीं है या सिद्धांत मात्र नहीं है। या किसी पैगम्बर या ऋषि के शब्दों से प्राप्त रूप नहीं है। यह वह रूप है जिसे आप स्वयं तर्क के नियम का पालन करके ज्ञात कर सकते हैं। स्वामी दयानंद सरस्वती तर्क को सर्वोपरि मानते थे और उन्होंने यही बताया कि वैदिक ग्रंथों ने किसी भी बात को केवल विश्वास से स्वीकार करने को नहीं कहा अपितु उसकी जांच करने के बाद किसी निष्कर्ष पर पहुंचने का मार्ग बताया।

अंतिम सत्य क्या है ? हमें यही ज्ञात करने को कहा गया है। एक पिता अपने पुत्र को बताता है कि वह जिससे संपूर्ण जगत् पैदा हुआ है, वह जो सबका पालन करता है तथा वह जिसमें सभी समा जाते हैं—अंतिम सत्य है। तप क्या है ? पाणिनी के अनुसार तप चिंतन-मनन है, आलोचना है। वह विश्व को देखता है, यह जानने का यत्न करता है कि इस विश्व का आविर्भाव कैसे हुआ, अग्नि के द्रव्य रूप से लेकर वर्तमान सत्य के युग तक, जिसमें स्वामी दयानंद जैसे महर्षि पैदा हुए, विश्व में जो प्रगति हुई है उसका कर्त्ता कौन है ? कोई महान रहस्य है जो प्रगति और संसार की व्यवस्था करनेवाला है। दूसरों शब्दों में जब हमें तप करने को कहा जाता है तब हमें अपने तर्क द्वारा ज्ञात करने को कहा जाता है, ध्यान-चिंतन करने को कहा जाता है, संसार को देखने को कहा जाता है, अपनी क्षमता-भर से वस्तुओं को परखने, औचित्य को समझने को कहा जाता है। हमेशा तर्क और ज्ञान के नियमों से जांच करने को कहा जाता है।

इस प्रकार उन्होंने तर्क के नियम पर बल दिया और बताया कि एक ही सर्वोपरि परमात्मा है। उन्होंने अंतःक़रण की स्वतंत्रता भी दी। लोग उस परमात्मा को किसी भी रूप में—इस या उस अथवा किस अन्य रूप में देख सकते हैं। वह परम सत्य हमारे हृदय (अंतःक़रण), हमारे ज्ञान और इच्छा से समझा जाता है। यह विभिन्न रूपों में समझा जाता है परंतु हम जो उसके लिए झगड़ते हैं यह नहीं जानते कि एकमात्र सत्य वही एक परमात्मा है और उस जैसा कोई दूसरा नहीं। यदि हम परमात्मा में सचमुच विश्वास करते हैं, और हम यदि मानते हैं कि सभी मानव मात्र उस दैवी अग्नि के स्फुलिंग हैं तो फिर हमने परंपरागत भेद-भाव क्यों खड़े किए हुए हैं ? क्यों जाति के भेद, जाति-बाहर के नियम बनाए हैं और क्यों अपनी नारियों पर अनेक पाबंदियां लगा दी हैं।

यहां उन्होंने कहा कि यदि तुम परमात्मा में विश्वास करते हो तो तुम्हें सभी व्यक्तियों और नारियों की समानता में विश्वास करना पड़ेगा। तुम इस विश्व में किसी पर भी ऐसी पाबंदी नहीं लगा सकते कि तुम वेद नहीं पढ़ सकते या गायत्री का जाप नहीं कर सकते। मनुष्य होने के नाते, मानवता के नाते प्रत्येक को आध्यात्मिक आराधना का अधिकार है। और किसी को भी अपनी प्रकृति की महानतम पूर्णता के विशेषाधिकार से वंचित नहीं किया जा सकता। इस प्रकार न केवल वे उस परमात्मा की सर्वोपरिता में विश्वास रखते थे अपितु उन्होंने नारी और पुरुष की समानता के नियम की उद्घोषणा

भी की और उन्होंने आग्रह किया कि किसी भी व्यक्ति को इस देश के आध्यात्मिक ज्ञान और आध्यात्मिक क्रियाकलापों से रोका नहीं ज़ाना चाहिए।

इस प्रकार वे एक ऐसे समाज-सुधारक थे जिनमें सामाजिक अन्याय के प्रति युद्ध-स्तर का साहस, शक्तिशाली मस्तिष्क और सामाजिक अन्याय के विरुद्ध हृदय में आग थी। वे इनको अपने हाथों निर्ममता से समाप्त करना चाहते थे। देश को आज इसी की आवश्यकता है। इसलिए वे स्थान-स्थान पर गये और लोगों को बताया, "यदि तुम परमात्मा में विश्वास करते हो तो उसमें आस्था रखने वाले सभी लोग उसी परमात्मा के परिवार के सदस्य हैं। यदि आप सर्वोपरि में विश्वास करते हैं तो प्रत्येक व्यक्ति उसी सर्वोपरि का एक स्फुलिंग है। इसलिए प्रत्येक व्यक्ति को सत्यसिद्धि के लिए तुम्हें उसे सर्वोपरि अवसर प्रदान करने का यत्न करना चाहिए।"

इस प्रकार एक ईश्वर की उपासना और जाति, रंग और संप्रदाय के भेद के बिना मानव की सेवा—ये दो मूल सिद्धांत थे जो उन्होंने स्थापित किए। न केवल उन्होंने इन सिद्धांतों को बनाया अपितु वे इनके प्रचार के लिए भ्रमण करते रहे और आर्यसमाज ने ऐसी अनेक संस्थाएं स्थापित की हैं जो आज इस काम को करने का प्रयास कर रही हैं। इनमें से अनेक हमारे सामाजिक जीवन और आचरण में समाहित हो गयी हैं। स्वतंत्रता के बाद हमारे सामाजिक कानून में पुरुष और नारी को समानता प्रदान की गई है, उन सभी पाबंदियों को हटाया गया है जिनसे नारी जाति पर कई तरह से अत्याचार होते थे। ये सब बातें अब हमारे सामाजिक जीवन का अंग बन गई हैं।

हमें यह नहीं भूलना चाहिए कि हम स्वामी दयानंद सरस्वती जैसे महापुरुषों की प्रेरणा के लिए कितने ऋणी हैं; हम वे ही सिद्धांत अपना रहे हैं जिनकी शिक्षा उन्होंने हमें दी थी।

हम अपने राष्ट्र को केवल उसी अवस्था में सबल बना सकते हैं जबकि हम मानव द्वारा बनाए गये भेद-भावों को समाप्त कर दें: एक समुदाय की भांति संगठित हों और एक राष्ट्र के रूप में साथ मिलकर खड़े हो जायें। यह वह बात है जिसे हमें करने को कहा गया है। स्वामी दयानंद सरस्वती ने हमें जो शिक्षाएं दी थीं वे आज बहूमूल्य हैं। वे ऐसे समय में सर्वोपरि महत्व की हो जाती हैं जब हम अब भी हर तरह की बातों के लिए आपस में लड़ रहे हैं। असहिष्णुता भारत के लिए विनाशकारी रही है। बार-बार यह देश सभी प्रकार की गुलामी में फंसा है। क्यों?—हमारे आंतरिक भेद-भाव के कारण—हमारी आपसी असहिष्णुता के कारण। यदि हम अपने अतीत से सबक नहीं लेंगे तो हमें बार-बार अतीत में जीना पड़ेगा। यह सबक हमेशा हमारे मस्तिष्क में रहना चाहिए। यदि हम अतीत से शिक्षा लेना चाहते हैं तो जो सबक हमें याद रखना है वह है ; मतभेदों को भुला दें, आपस में न लड़े-झगड़ें, एक ही सर्वोपरि में विश्वास करें और सभी लोगों को उसी सर्वोपरि सत्ता के बच्चे समझें।

राजा राममोहन राय

(1772 – 1833)

राजा राममोहन राय आधुनिक भारत के प्रणेता और आधुनिक भारतीय पुनर्जागरण का सूत्रपात करने वाले थे। पुनर्जागरण का अभिप्राय केवल पुनर्स्थापना नहीं है। यह प्राचीन ज्ञान को लेता है और उसका आधुनिक ज्ञान-विज्ञान के साथ समन्वय करता है, और जहां भी इन दोनों में टकराव आता है तो वह तार्किक दृष्टि से या नैतिक दृष्टि से जो भी असंगत है उसे निर्ममता से अलग कर देता है।

राजा राममोहन राय मानवीय स्वतंत्रता में विश्वास रखते थे—शब्द के प्रत्येक अर्थ में स्वतंत्रता। उन्होंने मानव मस्तिष्क को अंध-विश्वासों, कुरीतियों और उन सभी बुराइयों से मुक्त करने का प्रयत्न किया जो मानव की गरिमा को कम करती हैं।

तप विश्व की प्रकृति का चिंतन-मनन है। पाणिनी ने बताया है कि प्रथम शब्द लोचन है और दूसरा आलोचना, संसार की प्रकृति का चिंतन करना है। वे यह कह कर समाप्त करते हैं कि आत्मा ही अंतिम सत्य है; पदार्थ या अन्न नहीं, मन या मानस नहीं, विज्ञान या ज्ञान नहीं अपितु अंतिम सत्य आनन्द या आत्मा है जिससे अन्य सभी पैदा होते हैं। भारत, जिसने उपनिषदों को अपना पवित्र ग्रंथ माना, उनके मार्ग से भटक गया और कर्मकांड और खंडन-मंडन के विवादों में फंस गया। राजा राममोहन राय जैसी एक महान प्रतिभा ही हमें मूल सत्य की याद दिला सकती थी।

इसके अतिरिक्त, राममोहन राय ने हिंदू, इस्लाम और ईसाई धर्मग्रंथों का अध्ययन किया और पाया कि सभी धर्मों का सार ईश्वर में आस्था है। इस प्रकार की आस्तिकता के आधार पर हम न केवल इस देश के विभिन्न संप्रदायों को अपितु समग्र विश्व को एक बना सकेंगे। आज जो प्रार्थनाएं कही जाती हैं उनमें से एक में यह बताया गया है कि ईश्वर एक और सर्वोपरि है, इस संसार का रचियता एक है जिसका वर्णन भिन्न-भिन्न रूपों में मिलता है। तुम अपने मन से, अपनी बुद्धि से, अपनी इच्छा से उस सत्य को भिन्न-भिन्न नाम देते हो पर अंतिम सार-तत्व एक है। उस एक सर्वोपरि परमात्मा के अधूरे एवं अपूर्ण विवरण हैं। यदि हम उस सर्वोपरि के

सत्य को जान जान जाएं तो हम विवादास्पद मार्गों में नहीं पड़ेंगे; क्योंकि रहस्य तो रहस्य ही है। हमारा दृष्टिकोण तो मौन आराधना का है। हमारे शब्द और मस्तिष्क इस सृष्टि के गूढ़ रहस्य को आत्मसात् करने में असमर्थ हैं। यह दृष्टिकोण है जो मानव-मस्तिष्क को अपनाना चाहिए; मानव मस्तिष्क उस परमेश्वर की प्रकृति को भली-भांति समझने में असमर्थ है।

यदि हम सत्य के इस धर्म को, विश्व प्रेम के सत्य को पुनः स्वीकार कर लें तो हम अपने छोटे-छोटे मतभेदों को भुला सकेंगे। अपने झगड़ों को भुला सकेंगे जिनमें हम अपना जीवन गवां देते हैं। धर्मान्धता और झगड़े अपनी शक्ति और महत्व खो देंगे। एक सच्चा धार्मिक व्यक्ति, यदि वह सचमुच धार्मिक है तो वह अनुभव करेगा कि प्रत्येक व्यक्ति की अपनी गरिमा है और उसमें परमात्मा का ही अंश है। प्रत्येक उस निराकार ब्रह्म का एक अंश है। तुम्हें चाहिए कि उन सभी बातों को तिलांजलि देने में प्रत्येक व्यक्ति की सहायता करो जो हमारे अंतःकरण की पूर्णता की प्राप्ति में बाधक हैं।

जब इस देश में लोग दलित थे और हमारी नारियों पर अनेक प्रतिबंध लगे थे तो राजा राममोहन राय ने विरोध की आवाज उठायी और कहा कि जो देश अपने को सभ्य कहता है उसे समानता के मूल सिद्धांत को स्वीकार कर लेना चाहिए—मानव मात्र की समानता। जब तक कुछ लोगों से निम्नता का व्यवहार किया जाएगा और कुछ लोगों से उच्चता का, तब तक आप वास्तव में सभ्य नहीं हैं। समानता का यह सिद्धांत हमारे धर्म की आरम्भिक अवस्था में भी था। प्राचीन काल में नारियों को वे सभी विशेष अधिकार मिले हुए थे जो पुरुष को हैं। पर, सदियां बीत गयीं और समानता का यह सिद्धांत कहीं छूट गया। फलतः हमें हानि उठानी पड़ी। यदि यह देश पतन और पराधीनता के दौर से गुजरा है तो वह इसलिए कि हम जिन सिद्धांतों के उपदेश देते थे, उनमें निष्ठा खो बैठे। इस देश ने जो-जो हानियां और पराधीनता झेली है, उसके बारे में हम बड़ी-बड़ी बातें करते हैं। यदि हम इन सबसे छुटकारा चाहते हैं, तो हमें प्रतिबंधों को हटाना होगा। व्यवहार में स्त्री-पुरुषों, दलितों और विशेष व्यक्तियों सभी को पूर्ण समानता प्रदान की जाए।

राजा राममोहन राय ने कहा था कि मैं राजनैतिक पराधीनता और अत्याचार से भी मुक्ति का हामी हूं। बंगाली गद्य, भारतीय प्रेस की स्वतंत्रता तथा मानवता के प्रेम में उनके योगदान और जिस तरह उन्होंने फ्रांस के मंत्री और ब्रिटेन के विधायकों से भारत की स्वतंत्रता के लिए अपील की वह सर्वविदित है।

इसमें कोई संदेह नहीं कि वे महान आदर्श जो राजा राममोहन राय हमें देना चाहते थे—सत्य का धर्म, सामाजिक समानता, मानव मात्र की एकता—आज भी हमसे दूर हैं। हम अभी तक इन लक्ष्यों को प्राप्त नहीं कर पाए हैं। इस प्रकार, जो संदेश राजा राममोहन राय ने हमें दिया वह संदेश आज भी संगत है क्योंकि जिन आदर्शों के लिए वे जिए-मरे, अब भी प्राप्त नहीं हुए। उन आदर्शों को हममें से प्रत्येक को कार्यान्वित

करना होगा। निःसंदेह, उन्हें यातनाएं दी गईं और सताया गया। सभी महान व्यक्तियों के साथ ऐसा ही होता है। मैं तुम्हें विश्वास दिलाना चाहता हूं कि विश्व का निर्माण उन व्यक्तियों द्वारा होता है जो विश्व का सबसे अधिक विरोध करते हैं। यही लोग विश्व में परिवर्तन लाते हैं।

राजा राममोहन राय ने अपना जीवन जातिवाद का विरोध करके समानता लाने के लिए, अंधविश्वासों के विरोध में विज्ञान के लिए, अधिनायकवाद के विरुद्ध स्वतंत्रता के लिए और अंधविश्वासों के धर्म के स्थान पर सत्य के धर्म को लाने में बिताया।

आचार्य जगदीश बोस

[1854 – 1937]

जब मैं कलकत्ता विश्वविद्यालय के परिवार का सदस्य था तो मुझे जगदीश बोस को कई वर्षों तक जानने का सौभाग्य प्राप्त हुआ। बुद्धिजीवी सहयोग की अन्तरराष्ट्रीय समिति के वे प्रथम भारतीय सदस्य थे। जो भी उनके सम्पर्क में आया वह न केवल उनकी वैज्ञानिक कल्पना और आविष्कारी दक्षता का कायल हुआ अपितु वह उनके स्वाभिमान और देशभक्ति से भी प्रभावित हुआ। उनमें विज्ञान, कला और धर्म का सन्तुलित सामंजस्य था। जिस संस्था की उन्होंने स्थापना की वह उनका समाकलित दृष्टि का प्रमाण है। वह मात्र प्रयोगशाला न होकर एक मन्दिर थी। कार्य करने की मेज—एक वेदी थी। इस संस्था को राष्ट्र को समर्पित करते समय उन्होंने जो भाषण दिया था वह उल्लेखनीय है और उससे हमें अपने अतींत के प्रति भाव विह्वल रोमांच होने के साथ-साथ आगे कुछ करने की प्रेरण़ा भी मिलती है। इस बात में पूर्ण विश्वास रखते हुए कि सभी विघ्न-बाधाओं के होते हुए भी अन्त में विजय सत्य की होती है, उन्होंने अपनी उत्साहजन्य जांच और शोध को जारी रखा, विद्वानों के सन्देहों को दूर किया, और भौतिकी और शरीर-विज्ञान के निकटतम विषयों के प्रणेता के रूप गें अपनी ख्याति स्थापित की। उनका जीवन और कार्य परिस्थितियों पर चरित्र की विजय सिद्ध हुआ। विज्ञान के विकास में भारत का एक लम्बा और सतत् इतिहास रहा है। छान्दोग्य उपनिषद् के सातवें अध्याय में विभिन्न ज्ञान-विज्ञान के विषयों का उल्लेख है—जिन्हें नारद बताते हैं कि उनका उन्हें ज्ञान है।

ऋग्वेद, यजुर्वेद, सामवेद, अथर्ववेद, महाकाव्य और पुराण, व्याकरण जो वेदों का वेद है। पितरों की पूजा-आराधना, अंकविद्या (गणित), शकुन विद्या, कालज्ञान, तर्कशास्त्र, नीतिशास्त्र और राजनींति, देवी विज्ञान, पवित्र ज्ञान-विज्ञान, तात्विक आत्मज्ञान, सर्पज्ञान और ललित कलाएं।

भारतीयों की उन नियमों को जानने में गहन रुचि रही है जो समस्त ब्रह्माण्ड के विविध पक्षों को शासित करते हैं। उन्होंने गणित, खगोल विद्या, व्याकरण, तर्कशास्त्र,

प्रकृति विज्ञान और आयुर्विज्ञान के क्षेत्र में सघन योगदान दिया। परन्तु कुछ शताब्दियों तक भारत की वैज्ञानिक प्रज्ञा सुषुप्त पड़ी रही।

उन्नीसवीं सदी में इसमें पुनर्जागृति आई और भारत पुनः विज्ञान की धारा में प्रवेश कर गया। डॉ. महेन्द्रलाल सरकार (जन्म 2 नवम्बर, 1833) ने भारत की प्रगति के लिए वैज्ञानिक ज्ञान के महत्त्व पर बल दिया। विज्ञान के प्रति उद्दाम भावना और ज्ञान पिपासा के कारण उन्होंने 'विज्ञान की उन्नति के लिए भारतीय संघ' की स्थापना की जहां विज्ञान की सभी शाखाओं में शोध के लिए सुविधाएं प्रदान की गई थीं। अनेक प्रसिद्ध व्यक्तियों, जिनमें प्रोफेसर सी. वी. रमन और के. एस. कृष्णन शामिल हैं, इस संघ में कार्य किया।

जगदीशचन्द्र बोस प्राकृतिक विज्ञानों में शोध के प्रणेता थे। एक प्रसिद्ध पादप-विज्ञानी जर्मनी के प्रो. हीवरलैण्ड ने जगदीशचन्द्र बोस के प्रमाणन व्यख्यान के उपरान्त अपनी राय में कहा : 'यह संयोग मात्र नहीं है कि कोई शोधकर्त्ता भारत का हो और क्षोभन की क्रिया की विधियों में इतना पूर्ण ज्ञान प्राप्त कर ले। प्रो. बोस में उस प्राचीन भारतीय आत्मा का निवास और संचलन है जिसमें भारतीय आत्मा विश्व के चेतन रूप से बिल्कुल निर्लिप्त हो तत्त्व-मीमांसा और अन्तर्ज्ञान के चरमबिन्दु तक पहुंच जाती है और आज के हमारे अतिथि उसी आत्मा के आधुनिक प्रतिनिधि हैं, वे सूक्ष्म निरीक्षण के लिए असाधारण रूप में विकसित ज्ञान और हर्षोल्लास भरे वैज्ञानिक प्रयोगों को लेकर हमारे सामने आए हैं।

जगदीशचंद्र बोस के शोधकार्यों ने भारतीय ऋषियों की गहन अन्तर्दृष्टि को वैज्ञानिक व्याख्या और सत्यता प्रदान की।

1. भारतीय ऋषि विश्व को सकल रूप में न देखकर पूर्ण रूप में देखते हैं। उपनिषद् के अनुसार यह 'पूर्णम्' है। यह एक रूप है न कि बहुरूप। जैसे मानव आत्मा के सूक्ष्म स्तर पर अन्न, प्राण, मानस, विज्ञान और आनन्द हैं वैसे ही ब्रह्माण्ड के व्यापक स्तर पर वे विद्यमान हैं। पिण्ड और ब्रह्माण्ड एक-दूसरे के बिम्ब-प्रतिबिम्ब हैं।
2. विश्व निष्प्राण विस्तार नहीं है अपितु प्राणवान ब्रह्माण्ड है। विश्व को हम जगत् कहते हैं—अर्थात् वह जो संचलन में है और जिसमें जीवन है। प्राण तत्त्व के स्फुरण को सर्वत्र देखा जा सकता है। इशोपनिषद् में हमें यही सब जानने को कहा गया है। इस प्राणवान विश्व में जो चराचर है उसमें ईश्वर का संचरण है।

   ईशावास्य इदम् सर्वम् यत किम च जगत्याम् जगत्।
3. प्रकृति में कहीं व्यतिरेक नहीं है। कार्बनिक और अकार्बनिक तथा प्राणवान और पशुचेतना में एक निरन्तरता है।

   धर्मोत्तर अपने न्याय-बिन्दु टीका में लिखते हैं कि रात में पत्तियों में संकुचन

होता है : स्वाह रात्रौ पत्र-संकोचः।
उदयन को मानव के समान पौधों में भी समान गतिविधियां दिखाई देती हैं : जीवन, मृत्यु, सोना-जागना, बीमारी, उपचार आदि।

जैन और वैशेषिक लेखक, गुणरत्न और शंकर मिश्र ने पौधों के इन गुणों की चर्चा की है। 'मिमोसा पुदिका' (लाजवन्ती या छुई-मुई) जैसे पौधों में स्पर्श के प्रति संवेदनशीलता देखी जा सकती है। पौधों में अन्तर्निहित चेतना है और वे सुख और दुःख अनुभव करते हैं। उदयन पौधों में मन्द अस्पष्ट चेतना की बात करते हैं। संस्कृत कवि सूर्यमुखी की चर्चा करते हैं जो सूर्योदय के साथ खिलती है और उसके अभाव में बन्द हो जाती है। हमारे महर्षियों की अन्तःप्रज्ञा को जगदीशचन्द्र बोस ने वैज्ञानिक सत्यता प्रदान की।

पशुओं और पौधों में जीवन की गतिविधि को सामान्यतः अलग माना जाता था। पशु आघात खाने की स्थिति को गति द्वारा प्रकट करते हैं जबकि पौधे बार-बार के प्रहारों से भी उदासी की प्रवृत्ति प्रकट करते हैं। जगदीश बोस लिखते हैं : 'पशु ऊतक क्षोभ की अभिव्यक्ति विद्युत तरंगों के माध्यम से करते हैं जबकि प्रमुख विद्युत—शरीर रचना विज्ञानियों के अनुसार पौधे सामन्यतः ऐसी कोई उत्तेजना नहीं प्रकट करते। इसके अतिरिक्त पशुओं में आश्चर्यजनक रूप से विकसित स्नायुतन्त्र व्यवस्था होती हैं जिसके द्वारा वे शरीर के विभिन्न अवयवों और पर्यावरण के साथ घनिष्ठ तालमेल बनाए रखते हैं। दूसरी ओर वनस्पति रचना में, जैसा कि सभी विशेषज्ञों का मत है कि पौधों में, यहां तक कि लाजवन्ती में भी, तन्त्रिका आवेग नहीं होते। जीवन की ये दोनों धाराएं साथ-साथ चलती बताई जाती हैं और वे नितान्त भिन्न नियमों के अधीन हैं। जगदीशचन्द्र बोस ने कहा कि पौधों और पशुओं में भावावेग समान होते हैं। इन्होंने इस तथ्य को जटिल यन्त्रों की सहायता से दर्शाने का प्रयत्न किया।

पदार्थ से जीवन और जीवन से मस्तिष्क के संक्रमण को सीढ़ीनुमा वक्र के स्थान पर ढलानदार वक्र के रूप में प्रकट किया जा सकता है। समस्त ब्रह्माण्ड में एक निरन्तरता और सुमेल है जो सबको बांधे हुए है। जगदीशचन्द्र बोस की रुचि इसी सुमेल में थी। जहां हम निरन्तरता पर बल देते हैं वहां हमें रचनात्मक प्रगति को नहीं भूलना चाहिए। एक छोटे पत्थर की गुटिका और आम की गुठली में आकार, रंग और भार के अनुसार समानता हो सकती है परन्तु इन दोनों में काफी अधिक अन्तर है। पत्थर की गुटिका सैकड़ों वर्षों तक वैसी की वैसी ही पड़ी रहेगी जबकि आम की गुठली में और कुछ हो जाने की शक्ति अन्तर्निहित है। यदि परिस्थितियां अनुकूल रहीं तो यह मिट्टी, वर्षा, हवा की नमी, प्रकाश और सूर्य के ताप से विभिन्न पदार्थ लेकर कालान्तर में बहुत बड़ा वृक्ष बन सकती है और उसमें अपने मूल रूप की ही भांति फल और बीज उत्पन्न होंगे। पत्थर की गुटिका जिस रूप में रहती है वह कहीं अधिक अनम्य है। गुठली को हम वृक्ष रूप में विलक्षण तत्त्व के रूप में देखते हैं। जहां वृक्ष अन्त में, गुटिका के

विपरीत, एक चक्रीय गति में गुठली को बनाए रखता है वहीं यह गुटिका के लिए अज्ञात है। गुठली उगती है, बढ़ती है, वृद्ध होती है और समाप्त होती है, गुटिका के विपरीत इसे रोग लगते हैं और यह अपना पुनरुत्पादन कर सकती है।

विज्ञान ने अनेक आश्चर्यजनक कार्य किए हैं किन्तु यह अभी तक जैविक विकास और उसके पुनरुत्थान की व्याख्या नहीं कर पाया है। रासायनिक, विद्युतीय और इलेक्ट्रोनिक क्रियाएं वह नहीं कर सकती जो गेहूं के बीज का एक दाना वसन्त में अंकुरित होकर कर देता है। जहां पदार्थ और जीवन में एक निरन्तरता है वहीं काफी अन्तर भी हैं।

जीवन और मस्तिष्क में निरन्तरता है। क्या जीवन जहां है वहां मस्तिष्क मौजूद है—जैसे कि जीवों के कोष्ठों में? क्या जीव जगत् में ऐसी कोई सीमारेखा है कि इन जीवों में मस्तिष्क है और इनमें नहीं है?

जब जगदीश बोस ने अपने शोध-संस्थान को राष्ट्र को समर्पित किया तो उन्होंने कहा : 'अपनी शोध के दौरान मैं अनजाने ही भौतिकी और शरीर रचना की सीमारेखाओं में जा पहुंचा और यहां यह जानकर मैं आश्चर्यचकित हुआ कि यहां ये सीमारेखाएं समाप्त हो रही हैं। जीवेतर पदार्थ में कुछ भी हो गतिहीनता या जड़ता नहीं थी, इस पर विभिन्न शक्तियों की सक्रियता का प्रभाव देखना रोमांचकारी अनुभव है। ब्रह्माण्ड की क्रियाशीलता ने धातु, पौधों और पशुओं को एक ही नियम में बांध रखा है। उन सभी में थकान और उदासीनता के साथ-साथ ठीक होने और उत्कर्ष में जाने के सभी तत्त्व प्रकट होते हैं फिर भी, उनमें एक स्थायी निष्क्रियता है जिसे हम मृत्यु मान सकते हैं। ये परिणाम प्रयोग करके दिखाए गए जिनसे प्रकट हुआ कि पदार्थ में प्रतिक्रिया और पौधों के जीवन में जो रहस्य हैं वे पशु जीवन के आश्चर्यों को फीका कर देते हैं।

इसी प्रकार पौधों और पशुओं के जीवन में निरन्तरता है परन्तु जीवन और मस्तिष्क भी अलग-अलग हैं। बाह्य विश्व के आवेग मस्तिष्क में संचरित होते हैं और वे उसकी संवेदन सूचना बन जाते हैं। ज्ञान के लिए कच्चे माल का काम करते हैं। हमें ज्ञात है कि रासायनिक तत्त्वों, अलकोहल (मद्य), अफीम, मेस्केलिन, संवेदनहारियों और मस्तिष्क में लगे आघात से चेतना प्रभावित होती है। हमें यह ज्ञात नहीं कि ज्ञान, ध्यान, चयन, निर्णय, उल्लंघन की स्थितियों में हमारे मस्तिष्क में क्या होता है।

सर चार्ल्स शेरिंगटन अपने 'मैन ऑन हिज़ नेचर' में लिखते हैं : ऊर्जा की योजना में ऊर्जा और मानसिक अनुभव के मध्य, समतुल्यता की खोज से हमें कुछ नहीं पता चलता। अधिक से अधिक मैं यही कह सकता हूं कि वे दोनों एक-दूसरे से नितान्त अलग-अलग हैं। वे मुझे हठी, परस्पर अपरिवर्तनीय लगे जिनमें से एक को दूसरे में नहीं मिलाया जा सकता। अपने रेडे लेक्चर (कैम्ब्रिज) में उन्होंने कहा : 'मन और मस्तिष्क के परस्पर सम्बन्ध को हमें न केवल अनसुलझे प्रश्न मानना चाहिए जिसे हल करने के लिए अभी कोई आधार ही नहीं मिला है।' इस विषय पर उन्होंने अपने अंतिम प्रसारण लेख

'द फिजीकल बेसिस ऑफ द माइण्ड' (मस्तिष्क का शारीरिक आधार) में कहा : अरस्तू ने दो हजार वर्ष पूर्व पूछा था कि मस्तिष्क का शरीर से क्या सम्बन्ध है। हम अब भी वही प्रश्न पूछ रहे हैं।

सच्चा विज्ञान उसके प्रणेता को ही विनम्र बना देता है। यह उसे यह अनुभव करा देता है कि वह कितना कम जानता है और जो अज्ञान है वह कितना विस्तृत है। कोई आश्चर्य नहीं कि जगदीश बोस ने ज्ञान की शोध के मार्ग में सृष्टि में अन्तर्निहित रहस्य को अनुभव किया। विकास की प्रक्रिया, रचनात्मक सक्रियता जो अविराम चल रही है, यह स्थायी घटनाक्रम जिसे हम संसार कहते हैं—ये सब आत्मनिर्भर या अपने आप पोषित नहीं हैं। उपनिषद् इस विश्व को ब्रह्म का ही प्रस्फुटन मानते हैं। चार्ल्स डारविन ने अपने 'द डिसेंट ऑफ मैन' में लिखा : 'उस भव्य घटना-क्रम को हमारा मस्तिष्क केवल संयोग-मात्र मानने को स्वीकार नहीं करता। इस प्रकार के निष्कर्ष से बुद्धि विद्रोह करती है।'

मानव मस्तिष्क में एक सीधी-सादी और मन में गहरी बैठी हुई धारणा यह है कि कोई एक पूर्ण है जो अपने को अनेक रूपों में प्रकट कर रहा है और जो वैज्ञानिकों के लिए एक प्राक्कल्पना है जिसे प्रयोगशाला में सिद्ध करने की आवश्यकता है। धार्मिक सन्त के लिए यह निष्ठा का विषय है जो अनुभव से स्वयंसिद्ध हो जाता है। विज्ञान और धार्मिक मान्यता में कोई विरोध नहीं है।

ब्रह्माण्ड की इस पूरी प्रक्रिया में निरन्तरता और प्रगति है। अतीत को हम पुनः नहीं ला सकते पर इसकी नींव पर हम बेहतर भविष्य बना सकते हैं। हमारे प्रयत्नों से हमारा वर्तमान अच्छे भविष्य के रूप में प्रगति करेगा। वैज्ञानिक की जीवन्त आत्मा दैवी रहस्य का प्रतिबिम्ब है। तत्त्वमसि (तत् त्वम् असि)। मानव का सृजन ईश्वर की प्रतिमा के रूप में हुआ है। अतः उसे सृष्टि में भागीदार होना होगा। यह बोस की महत्त्वाकांक्षा थी कि हम लोग खोज और शोध-कार्य जारी रखें, उसके परिणामों से विश्व को समृद्ध करें और स्थायी विश्वबंधुत्व के लक्ष्य को प्राप्त करें। मानवता के कल्याण और ईश्वर की गरिमा के लिए हम इस लक्ष्य के लिए काम करें।

गोपाल कृष्ण गोखले

[1866–1915]

गोखले का प्रयत्न राजनीति को आध्यात्मिक बनाना था। उन दिनों राजनीति इतनी जटिल नहीं थी जितनी यह आज है। उन दिनों उन्होंने इसके आध्यात्मिकीकरण की आवश्यकता अनुभव की। आज जब हमारे पास शक्ति है, सत्ता है, जब हमारे लिए बहुत कुछ करना सम्भव है, तब भी राजनीति के आध्यात्मिकीकरण की और कितनी आवश्यकता है? जब हम राजनीति के क्षेत्र में प्रवेश करते हैं तो वहां हम उसे कुप्रवृत्तियों, पूर्वाग्रहों, अभिमान, स्वार्थ और सत्ता की भूख से भरा हुआ पाते हैं। ये बातें हैं जो ऊपर तक इतनी फैली हुई हैं कि हम बहुधा शिकायत करते हैं, "जमाखोरी है, भ्रष्टाचार है, बेईमानी है।" यह बताना मेरा काम नहीं है कि वे कहां तक ठीक हैं या नहीं हैं। मैं जो कुछ कहना चाहता हूं वह यह है कि जनसेवा के काम को करने का सिद्धान्त यह है कि उसे ईमानदारी, सत्यनिष्ठा और लगन से किया जाना नितान्त आवश्यक है।

हमारे देश में किसी समय प्रश्न यह किया जाता था 'अच्छे जीवन के सिद्धान्त क्या हैं? अच्छा आदमी किसे माना जाना चाहिए?' प्राचीन उपनिषद् कहता है : क्या आपने बादलों में बिजली की कड़क सुनी है? यह क्या कहती है? दा दा दा : दत्ता, दम्यता, दयाभावम्—दान, दमन और दया भाव। ये सिद्धान्त हैं जो अच्छा जीवन कहलाते हैं। यदि हम अपने राजनैतिक जीवन या जन-सेवा के जीवन के स्तर को सुधारना चाहते हैं तो हमें इन्हीं सिद्धान्तों को जीवन में अपनाना होगा। गोखले ने हमारे सामने इस आदर्श को रखा। उन्होंने जिस भी विषय को लिया, जो भी भाषण दिया, हम उसे अपने स्कूल के दिनों में समाचार पत्रों में पढ़ा करते थे क्योंकि उन दिनों रेडियो नहीं था। हम सभी उनकी गहन देश-भक्ति से प्रभावित होते थे—जब वे कहते थे—कि हमारे विश्वविद्यालय राजद्रोह के घर हैं और हमारी शिक्षण संस्थाएं धधकते वातावरण में लोगों को तैयार कर रही हैं। जब हम उन बातों को सुनते थे तो हमें रोमांच होता था। पर उनकी महानता किस बात में है? उनकी महानता इस बात में थी कि जो भी विषय वे लेते थे उसकी पूरी तैयारी करते थे, तथ्यों का सावधानी से

अध्ययन करते थे और उन तथ्यों पर अपना निर्णय लेते थे कि कौन बात न मानने योग्य है और कौन स्वीकार करने योग्य है। आजकल जो लोग जनसेवा या सार्वजनिक जीवन में आ रहे हैं उन्हें अपने को पूर्णकालिक कार्यकर्त्ता मानना होगा, देश की राजनैतिक समस्याओं का गहन अध्ययन करना होगा और फिर निर्णय लेना होगा कि कौन-सी समस्याएं उचित हैं और तर्कसम्मत हैं। यह कार्य है जो उन्हें करना चाहिए। पर क्या वे ऐसा कर रहे हैं?

अनेक कार्य हैं जिनमें 'सर्वेण्ट्स ऑफ इण्डिया सोसाइटी' के सदस्य भाग लेते हैं—शिक्षा, पत्रकारिता, राजनीति, आदिम जाति कल्याण आदि। इन सभी मामलों में विभिन्न विचार हैं जिन्हें हम अपना सकते हैं, अतः यह आवश्यक है कि विषय का सभी पक्षों से अध्ययन किया जाए। आप उन्हें 'मध्यमार्गी' कह सकते हैं, 'उदार' कह सकते हैं परन्तु उन्होंने हमें एक परम्परा दी—ऐसी परम्परा जो हमें यह बताती है कि राज्य की वेदी पर या किसी अन्य तन्त्र के लिए व्यक्ति का बलिदान न होने दें। पर एक व्यक्ति को बचाने के लिए, उसके अधिकारों को बचाइए, उसको पवित्र मानिए। हम जो दृष्टिकोण अपना रहे हैं उसके लिए इससे औचित्य प्राप्त हो जाता है। अतः यह आवश्यक है कि हम व्यक्ति को ध्येय मानें राज्य को नहीं। हम उसके अधिकारों को अनुलंघनीय मानें। हमें अपने जीवन का अर्पण करना आवश्यक हो सकता है परन्तु यह हम अपने को पूर्ण सम्मान देते हुए और पूरी निष्ठा के साथ करें।

अपने उन सभी उद्देश्यों के बावजूद जिनके बारे में हम उपदेश देते रहे हैं, हमारे समाज में असमानताएं बनी हुई हैं। ऊंच-नीच हैं, धनवान और गरीब हैं, उच्च जाति और जाति भ्रष्ट हैं, अछूत आदि हैं। क्या हमारे कार्य की इतिश्री हो गयी? क्या हमारी वर्तमान स्थिति हमारे लिए चुनौती नहीं है? क्या इन समस्याओं के हल के लिए हमें उचित प्रकार के दृष्टिकोण को अपनाने की आवश्यकता नहीं है?

गांधीजी गोखले की ओर क्यों आकृष्ट हुए? इसका सीधा कारण यह था कि गोखले सत्य को नहीं छोड़ सकते थे। इसे वे किसी भी राजनैतिक विचार या सिद्धान्त के लिए छोड़ने को तैयार नहीं थे। जहां तक दृष्टिकोण का सम्बन्ध था वे हमेशा अडिग रहे और उन्होंने अपनी राय बिना किसी भय या पक्षपात के दी, बिना किसी के प्रति दुर्भावना के और बिना घृणा के। यहां तक कि उनके विरोधी भी, जिनसे उन्हें काम पड़ता था, उनका आदर करते थे, चाहे वे उन्हें पसन्द करें या न करें। लोग उनके व्यक्तित्व की ईमानदारी और उनके द्वारा सदैव तथ्यों का सावधानीपूर्वक गहन अध्ययन किए जाने को पसन्द करते थे। उन बजट भाषणों के लिए जो उन्होंने उन दिनों केन्द्रीय सभा में दिए वे आगामी अनेक वर्षों तक याद किए जाएंगे। क्या हम उनके आदर्शों का अनुसरण करें या न करें? यदि हम उस तरीके को देखें जिस तरह हमारी विधान सभाएं और संसद कार्य कर रही हैं तो हमारा विचार है, आज राजनीति के आध्यात्मिकीकरण की अधिक आवश्यकता है। कोई भी व्यक्ति जो विधान सभा या संसद में प्रवेश करता है, अपने

को मानवता का सेवक समझे, भारत का सेवक समझे और ऐसा कोई कार्य न करे जिससे देश का सम्मान कम हो।

देश की परम्पराओं के अनुरूप गोखले ने सार्वजनिक जीवन में त्याग पर बल दिया। जहां इस संसार में प्रत्येक वस्तु भय का हेतु है केवल त्याग ही निर्भयता प्रदान करता है। जब संसार के सभी सुख भोग गोखले को प्राप्त थे और वे उन्हें भोग सकते थे, उन्होंने इनको तिलांजलि दे दी और उन्होंने अपनी सम्पूर्ण प्रतिभा देश-सेवा को समर्पित कर दी। त्याग अच्छे जीवन का सिद्धान्त है। व्यक्ति इससे महान् नहीं होता कि वह क्या एकत्र करता है अपितु वह इससे महान् होता है कि वह क्या त्याग करता है। जो लोग सार्वजनिक सेवा के कार्य में जुटे हुए हैं उन्हें इसे आमदनी वाले व्यवसाय की तरह नहीं लेना चाहिए।

जब वे बीस वर्ष के थे, गोखले ने 'डकन एजूकेशन सोसाइटी' की स्थापना की और उन्होंने कर्त्तव्यनिष्ठ लोगों का एक निकाय बनाया उन्होंने अनुभव किया कि : "सार्वजनिक जीवन को आध्यात्मिक होना चाहिए। देश-प्रेम से हृदय इतना भर जाना चाहिए कि अन्य सभी कुछ इसके आगे क्षणिक लगे। ऐसी जोशीली देश-भक्ति जो मातृभूमि के लिए त्याग के प्रत्येक अवसर पर आनन्द का अनुभव करे, ऐसा हृदय जो कठिनाई या खतरों में अपने ध्येय से नहीं हटे। परमात्मा के विधान में इतनी निष्ठा जिसे कोई नहीं डिगा सके—इन सबसे सुसज्जित होकर जनसेवक को अपना ध्येय अपनाना चाहिए और देश-सेवा के लिए सब कुछ अर्पित करने के आनन्द का अनुभव करना चाहिए।" इसीलिए इसमें कोई आश्चर्य नहीं कि गांधीजी ने गोखले को राजनैतिक गुरु माना।

गोखले का आग्रह मात्र बौद्धिक कुशलता तक नहीं था अपितु वे समाज के सदस्यों के लिए नैतिक दायित्व पर भी बल देते थे। आज हम अपनी विधानसभाओं के लिए उम्मीदवारों के चयन के समय या अन्य निकायों के लिए व्यक्ति को चुनते समय, साधनों की पवित्रता का कोई आग्रह नहीं करते। हम उस समय जाति और सम्प्रदाय को ध्यान में रखते हैं और चरित्र या क्षमता का ध्यान नहीं रखते। देश में अव्यवस्था के बीज इस तथ्य में भी देखे जा सकते हैं।

गोखले ने अपनी सोसायटी का सदस्य जी. के. देवधर—जो समाज सुधारों के लिए संघर्षरत रहे, एन. एम. जोशी—जिन्होंने मजदूर आन्दोलन पर छाप छोड़ी, श्रीनिवास शास्त्री—जो अनेक पदों पर सेवारत रहे और हृदयनाथ कुंजरू जैसे निष्ठावान और चरित्रवान लोगों को बनाया जो दूसरों के लिए आदर्श थे। गांधी जी और नेहरू जी ने इस सोसायटी का सदस्य बनने के लिए गम्भीरता से सोचा।

जब 1912 में गोखले दक्षिण अफ्रीका गए तो वहां के एक राजनीतिक सिनेटर ने कहा था, "जब आप जैसे व्यक्ति हमारे देश में आते हैं तो वे हमारे वातावरण को पवित्र कर देते हैं।"

दादाभाई नौरोजी द्वारा प्रशिक्षित फीरोजशाह मेहता और रानाडे सुधारवाद में विश्वास रखते थे। जीवन अपने आप में पूर्ण है। राजनैतिक प्रगति और सामाजिक सुधार को अलग नहीं किया जा सकता। जीवन को अलग-अलग प्रकोष्ठों में नहीं देखा जा सकता। गोखले गरीबों और दलितों से सहानुभूति रखते थे। बेल्वी आयोग के समक्ष अपने साक्ष्य में उन्होंने ब्रिटिश राज्य के अन्तर्गत देश की गरीबी की चर्चा की।

प्रजातन्त्र के सिद्धान्तों, नागरिक स्वतन्त्रताओं, स्वतन्त्र प्रैस, संगठन की स्वतन्त्रता, सभी प्रकार के रंगभेद-जातिभेद से घृणा, सबके लिए अच्छे जीवन स्तर जैसे सिद्धान्तों में गोखले की अटूट निष्ठा थी। वे निःशुल्क और अनिवार्य शिक्षा के पक्के समर्थक थे।

गोखले का उदारवाद गांधीजी के सत्याग्रह को अपनाने में बाधक नहीं था। 1909 में बम्बई की एक सार्वजनिक सभा में ट्रांसवाल के भारतीयों की दशा के बारे में बोलते हुए गोखले ने कहा था : "किसी अनुचित कानून या दमनकारी उपाय के प्रति सत्याग्रह उस कानून या उपाय की मौन सम्मति के प्रति अस्वीकृति और दण्ड सहने की तत्परता है, बजाए उस विकल्प के जो इसके स्थान पर होता। यदि हम किसी कानून को स्पष्टतः, दृढ़ता से अंतर्मन से अनुचित मानते हैं और उससे छुटकारा पाने का कोई अन्य उपाय नहीं हो तो मैं सोचता हूं कि ऐसे लोगों के लिए जो अपनी आत्मा और स्वाभिमान को अपने भौतिक और तत्काल हितों से ऊपर रखते हैं, उनके पास इसके लिए मौन स्वीकृति को नकार कर सत्याग्रह अपनाना ही एकमात्र मार्ग है।"

गोखले के समय में भारत जिन समस्याओं का सामना कर रहा था वे कठिन थीं। यद्यपि उन्होंने जीवन के पक्षों में बड़ी बुद्धिमता और लगन से हमारी सेवा की तथापि अन्तिम लक्ष्य की प्राप्ति से पूर्व जो लम्बा रास्ता था उससे वे भली-भांति परिचित थे। उन्हें देश के भविष्य में विश्वास था : "इसमें कोई सन्देह नहीं कि हमारी भावी पीढ़ियां अपनी सफलताओं के साथ भारत की सेवा करेंगी परन्तु वर्तमान पीढ़ी के हम लोगों को अपनी विफलताओं के साथ मातृभूमि की सेवा करके ही सन्तुष्ट रहना चाहिए। चाहे यह कितना ही कठिन क्यों न हो, इन्हीं विफलताओं से शक्ति मिलेगी जो अंत में हमारे महान् लक्ष्य की प्राप्ति में सहायक होगी।

सरोजिनी नायडू ने गोखले के बारे में कहा था कि : "वे हमारे राष्ट्रीय आचरण के सबसे बड़े सन्त सिपाही थे। जिनका जीवन पवित्र था और जिनकी मृत्यु भारतीय एकता के लिए त्याग थी।" अच्छे गुणों के उपदेशक मशाल की तरह होते हैं जो दूसरों को प्रकाश देती है और अपने को स्वयं जलाती है।

गोखले के जीवन से हमें जो शिक्षा मिलती है वह यह है कि हमें अपना सुधार करना चाहिए और रानाडे, दादाभाई नारोजी और महात्मा गांधी के प्रति आदर भावना रखनी चाहिए। यह आदर भावना हमारे जीवन से तीव्रता से विलीन होती जा रही है।

यही बात है जिस पर हमें पुनः बल देना चाहिए। हमें उन लोगों का कृतज्ञ होना चाहिए जिन्होंने हमें सन्मार्ग में डाला। इस आदर भावना के बाद उनका दूसरा सिद्धान्त त्याग का था। वस्तुएं आती हैं, चली जाएंगी। यह सब तड़क-भड़क और वैभव स्थायी नहीं है। जीवन के प्रति सम्मान और त्याग—यदि आप ये दो सिद्धान्त अपना लें तो आप गोखले की स्मृति को जीवित रखने में योगदान देंगे।

हमारा देश महान् ऋषियों और सन्तों के लिए प्रसिद्ध रहा है। इतिहास राजाओं के मध्य युद्ध का वृत्तान्त नहीं, न यह इस बात का लेखा-जोखा है कि राजवंशों के दौरान क्या हुआ। इतिहास इस संसार में हुए सामाजिक परिवर्तनों की दिशा में, नए आर्थिक ढांचे में और नए आन्दोलनों की दिशा में हुए परिवर्तनों का नाम है। ये ही बातें किसी राष्ट्र के जीवन में महत्त्व रखती हैं। जहां तक हमारे देश का सम्बन्ध है, जो कार्य गोखले के समय में हुए—राजनैतिक आन्दोलन, सामाजिक आन्दोलन, धार्मिक सुधार—वे सब परस्पर जुड़े हुए हैं। उनको अलग-अलग नहीं देखा जाना चाहिए। इन्हें पूर्ण सत्ता के अंश के रूप में समझा जाना चाहिए। जहां तक हमारे देश का सम्बन्ध है यह आवश्यक है कि हम अपने धर्मों के ढांचे में रहें, वही हमारे व्यापक हित में है और वही आगे भी रहेगा क्योंकि वैज्ञानिक उसे ऊपर-ऊपर स्पर्श करते हैं परन्तु कोई भी उसके केन्द्र तक नहीं जाता। यदि हम अपने अस्तित्व के केन्द्र को देखें तो हम अनुभव करेंगे कि एक पक्ष है जिसकी प्रकृति सार्वभौमिक है, एक सार्वभौमिक अधिकार है जो हमारे पास जो भी कुछ हैं उसको अभिव्यक्ति देता है। दूसरे शब्दों में—हमारा ज्ञान, हमारा मस्तिष्क, हमारा विकास—ये सब उस ब्रह्माण्ड के केन्द्र की अभिव्यक्ति हैं जो हम सब में मौजूद है। लेकिन क्योंकि हम सब उस केन्द्र को भूलने की कोशिश कर रहे हैं, अतः हम अपने ही लिए अजनबी होते जा रहे हैं और इसीलिए हम मानसिक विकार और अशान्ति के शिकार हो रहे हैं।

हम अपने अस्तित्व के इस केन्द्रीय सिद्धान्त के प्रति आदर-सम्मान की भावना विकसित करें, और त्याग की भावना रखें। इससे हम अवश्य प्रगति करेंगे। जो बात मानव हृदय को अधिक छूती है वह विश्वास की शक्ति है। यह उन्हीं में पैदा होती है जिन्होंने संसार में दुःख भोगे हैं। यद्यपि गोखले दादाभाई नोरौजी, गांधी जी, तिलक से परिचित थे पर उनका हृदय महादेव गोविन्द रानाडे के साथ था क्योंकि उन्होंने वे आदर्श दिए जिनको गोखले ने अपने जीवन में चरितार्थ किया। दक्षिण सभा की परिचय-पुस्तिका में उन्होंने कहा था :

> उदारवाद और सुधारवाद हमारे संगठन के मार्गदर्शक तत्त्व हैं। उदारवाद की भावना का अर्थ है—जाति और धर्म के पूर्वाग्रहों से मुक्ति और उस कार्य के प्रति निरन्तर आस्था जो व्यक्ति-व्यक्ति के मध्य न्याय दिलाने का प्रयास करता है। शासकों के प्रति उतनी निष्ठा जितनी न्यायोचित और प्रशासन चलाने के लिए आवश्यक है परन्तु साथ ही जनता को वह

> समानता दिलाना जो उनका कानूनी अधिकार है। सुधारवाद से आशय उन निरर्थक अवस्थाओं से नहीं है जिसमें असम्भव की महत्त्वाकांक्षा की जाती है या बहुत ऊंचे आदर्शों के स्वप्न रखे जाते हैं अपितु इसका अर्थ है कि हमारे पास जो भी कार्य है उसे प्रतिदिन समर्पण और औचित्य की भावना से करें और स्वाभाविक विकास के नियमानुसार एक कदम आगे बढ़ें।

उन्होंने राजनीति को आध्यात्मिक बनाने का प्रयास किया। जो व्यक्ति कर्मठ जीवन व्यतीत करता है, सत्यनिष्ठ है और जो सार्वजनिक जीवन में षड्यन्त्रों और गुटबन्दी से दूर रहता है तो वह गोखले की दृष्टि में धार्मिक है भले ही वह विधर्मी या नास्तिक हो। गोखले ने जो भी कार्य हाथ में लिया उसको पूर्णता प्रदान की, चाहे वह फर्गूसन कॉलेज के प्रोफेसर का पद हो या केन्द्रीय विधान सभा की सदस्यता या बम्बई विश्वविद्यालय की सदस्यता या पूना नगरपालिका की सदस्यता हो। गांधीजी गोखले को भली-भांति जानते थे और उन्होंने अनुभव किया कि वे ही एक ऐसे व्यक्ति थे जिन्हें वे गुरु मान सकते थे। गांधी जी ने गोखले के सम्बन्ध में कहा था :

> वे मुझे ऐसे लगे जैसा कि मैं एक सच्चे राजनैतिक कार्यकर्त्ता को देखना चाहता हूं—स्फटिक की भांति स्वच्छ, मेमने की तरह सीधे, सिंह की भांति साहसी और हद पार करने की सीमा तक उदार। मेरे लिए यह कोई महत्त्व की बात नहीं कि उनमें इनमें से कोई भी गुण न हों। मेरे लिए इतना ही पर्याप्त है कि इसके विपरीत उनमें कोई दोष नहीं मिला। मेरे लिए वे हमेशा राजनीति के क्षेत्र के पूर्ण व्यक्ति थे और रहेंगे।

बालगंगाधर तिलक

[1856 – 1920]

इस शताब्दी के आरम्भिक वर्षों में जब मैं विद्यार्थी था तो युवकों के लिए तिलक के नाम का अर्थ था : ज्वलन्त देश-भक्ति, दुर्लभ साहस, अदम्य इच्छा और भारत की स्वतन्त्रता के लिए समर्पण।

दूसरे दशक में जुलाई 1911 में मैंने भगवद् गीता का उपदेश और कृष्ण पर एक लेख लिखा जिसने तिलक का, जो उस समय माण्डले जेल में थे, ध्यान आकृष्ट किया। स्वर्गीय श्री एन. सी. केलकर ने उस लेख को मुझसे मांगा और उन्होंने उसे तिलक के पास भेजा। कुछ समय बाद वह लेख मेरे पास वापस आया जिसके हाशिये में तिलक की टिप्पणियां थीं। उस समय मेरी प्रसन्नता का पारावार नहीं रहा जब मैंने देखा कि तिलक ने अपने प्रसिद्ध 'गीता रहस्य' की भूमिका में मेरे नाम का उल्लेख भगवद् गीता की कर्मपरक व्याख्या के समर्थक के रूप में किया है। यहां तक कि जो मुक्त हैं उन्हें भी संसार में विश्वबन्धुत्व के लिए कार्य करना चाहिए। विश्व की भलाई के लिए लोक-संग्रह करना चाहिए, ईश्वर की महिमा के लिए कर्म करना चाहिए। जगद्हिताय कृष्णाय। गीता योगशास्त्र है। योगः कर्मषु कौशलम्। अर्थात् कर्म में निपुणता योग है। समत्वम् योग उच्यते। समत्व ही योग है। कृष्ण योगेश्वर हैं। वे कर्म के ईश्वर हैं।

आध्यात्मिक और सामाजिक पक्ष साथ-साथ चलते हैं। तिलक का जीवन कर्म-योग के इस आदर्श का दृष्टान्त था। महाराष्ट्र के सन्त ज्ञानेश्वर, एकनाथ, तुकाराम, रामदास घोषित करते हैं कि मानव की निःस्वार्थ सेवा ही ईश्वर की आराधना है।

सामान्य स्थितियों में तिलक का जीवन शोधकर्त्ता का रहा होता और उन्होंने प्राचीविद्या के अध्ययन और गणित के क्षेत्र में सर्वोत्कृष्ट योगदान दिया होता। परन्तु एक पराधीन देश के व्यक्ति होने के नाते उनके सामने राजनीति में भाग लेने के सिवाय अन्य कोई विकल्प नहीं था। उनसे जब एक बार पूछा गया—"जब हमें स्वराज मिल जाएगा तो आप कौन-सा पद ग्रहण करेंगे ? आप 'प्रधानमन्त्री' बनेंगे या 'विदेश मन्त्री' ?

इसका वही उत्तर मिला जो उनके हृदय में था, "स्वराज में मैं गणित का प्रोफेसर बनूंगा और राजनीति से संन्यास ले लूंगा। मैं राजनीति से घृणा करता हूं। अब भी मैं अन्तरक गणन विधि (डिफरेंशियल कैलकुलस) पर एक पुस्तक लिखना चाहता हूं। देश इस समय अत्यन्त खराब अवस्था में है, अतः मुझे राजनीति में भाग लेने को विवश होना पड़ा। और करता भी क्या!" उस समय के तथाकथित उदारवादी नेताओं के साथ उनके विचार नहीं मिलते थे। उन्होंने राजनैतिक आन्दोलन को, जो उस समय तक उच्चवर्ग तक सीमित था, राष्ट्रीय आन्दोलन बना दिया। उन्होंने लोकप्रिय त्योहारों और अपने प्रसिद्ध मराठी पत्र केसरी के माध्यम से जन्मसिद्ध अधिकार के रूप में स्वराज के सन्देश को जन-जन तक पहुंचाया। उन्होंने राष्ट्रीय शिक्षा, स्वदेशी, बायकाट, सत्याग्रह (जिसमें कर न देना शामिल है) को प्रमुख कार्यक्रम बनाने का समर्थन किया। उनकी योजना में मद्य-निषेध और अस्पृश्यता का उन्मूलन सम्मिलित थे। उनके हाथों में पड़कर राजनैतिक आन्दोलन क्रान्तिकारी आन्दोलन बन गया परन्तु उनकी क्रान्ति का अर्थ शासन प्रबन्ध में बाधाएं खड़ी करना या रक्तपात करना नहीं था। उन्होंने हिंसा के मार्ग का विरोध किया। जब राजनैतिक और सामाजिक संघर्ष अपने चरमबिन्दु पर थे तो उन्होंने दृढ़तापूर्वक कहा कि "उग्रवाद आत्मघाती सिद्ध होगा।"[1]

जब चारों ओर हिंसा का वातावरण था तो आज से बहुत पहले 1904 में उन्होंने केसरी में लिखा—

> "ब्रिटिश राज किसी खास समय में एक ही व्यक्ति पर नहीं निर्भर करता। अतः कोई भी व्यक्ति स्वराज्य किसी एक अधिकारी को मारकर नहीं ले सकता और यदि किसी तरह वह मिल भी जाए तो भी हत्या नितान्त निन्दनीय है। किसी को भी हत्या के लिए उकसाना कायरता का काम है। यदि आवश्यक हो तो हमें अपनी मान्यताओं के लिए यातनाएं झेलनी चाहिए।"

जब उन्हें छः वर्ष की सजा सुनाई गई तो उन्होंने कहा था—

> "इस ट्रिब्यूनल से ऊपर भी कोई सत्ता है जो हम लोगों के भाग्य को शासित करती है और यह उसी सत्ता की इच्छा हो सकती है कि मैं जिस लक्ष्य को प्राप्त करना चाहता हूं वह मेरे मुक्त रहने की अपेक्षा जेल की यातना से अधिक फलीभूत हो।"

कोई आश्चर्य की बात नहीं कि जब न्यायाधीश ने गांधीजी के सम्बन्ध में यह कहा—

> "मैं सोचता हूं कि यदि मैं आपको तिलक के वर्ग में रखूं तो यह आपको अनुचित नहीं लगेगा।" तो गांधी जी ने कहा था—"चूंकि आपने बाल गंगाधर तिलक के मामले को याद करके मुझे सम्मानित किया है मैं यही

---

1. केसरी, 7-6-1892

कहना चाहता हूं कि उनके साथ अपने आपको जुड़ता देखना मेरे लिए सौभाग्य और सम्मान की बात है।"

तिलक ने बार-बार कहा—स्वराज्य तो केवल नींव है और वह हमारी भावी समृद्धि की ऊंचाई नहीं है। हमें एक नए राष्ट्र का निर्माण करना होगा। एक नए चरित्र का विकास करना होगा। हमें उन सिद्धान्तों को जीवन में ढालना होगा जिनका हम उपदेश देते हैं अर्थात् आध्यात्मिक मूल्य, देश-प्रेम और जिन बातों से हमारा मतभेद है उनके प्रति सहिष्णुता को अपनाना होगा। भावी इतिहास लिखेगा कि तिलक के रूप में एक सच्चा भारतीय था जो सच्चा और महान् देश के अतीत के प्रति स्वाभिमानी और भविष्य के प्रति निष्ठावान, निर्भय देश-भक्त और स्पष्ट वक्ता था और जिसने अपने अहिंसक राजनैतिक और क्रान्तिकारी संघर्ष की नींव रखी।

मोतीलाल नेहरू

[1861 – 1931]

श्री मोतीलाल नेहरू ने इस देश के संघर्ष, इसकी प्रगति और समृद्धि के लिए जो सेवाएं प्रदान कीं वे विविध हैं और सर्वोत्कृष्ट हैं। परन्तु मेरे लिए उल्लेखनीय उनका वह विशिष्ट योगदान है जो उन्होंने संसदीय संस्थाओं के विकास के लिए दिया। वे उस सर्वदलीय समिति के अध्यक्ष थे जिसे हमारे देश के संविधान का मसौदा तैयार करने को कहा गया था। उस संविधान में अन्य बातों के अलावा अधिकारों की घोषणा और न्यायपालिका की स्थापना का प्रश्न था जिसमें उच्चतम न्यायालय सर्वोपरि था। संसदीय प्रजातन्त्र प्राथमिक बात थी।

किसी भी व्यक्ति या राष्ट्र की अचूकता में विश्वास करना ही विश्व के सारे संघर्षों की जड़ है। इससे उग्रवाद जन्म लेता है, अधिनायक पैदा होते हैं और मस्तिष्क का फांसीवाद आता है, जिसने बहुधा इस धरती को रक्त और अश्रु से सिंचित किया है। अतः यह आवश्यक है कि हम उस प्रकार की हठधर्मिता का दृष्टिकोण न रखें। प्रजातन्त्रीय दृष्टिकोण में यह मान लेना अपेक्षित है कि दूसरा व्यक्ति सम्भवतः ठीक है और शायद हम स्वयं ही गलत हैं, यह उदारता, विनम्रता और शिष्टाचार का दृष्टिकोण है। मस्तिष्क की प्रजातन्त्रीय रचना के लिए ये आवश्यक गुण हैं। यदि हम चाहते हैं कि प्रजातन्त्रीय संस्थाएं सफलतापूर्वक और सन्तोषजनक रूप से कार्य करें तो दुराग्रह और हठधर्मिता को और इस विचार को कि सत्य पर हमारा ही एकाधिकार है और दूसरे अन्धकार में भटक रहे हैं—छोड़ना होगा।

अन्तरराष्ट्रीय सम्बन्धों में हमें चाहिए कि हम अपने वर्तमान मतभेद समझा-बुझाकर, बातचीत से और मध्यस्थता से निपटाएं। विश्व के विभिन्न राष्ट्रों के लिए यदि हम इस संसार को एक सुखी परिवार की तरह बनाना चाहते हैं तो अन्तरराष्ट्रीय संयम को पैदा करना होगा। इन दोनों ही मामलों में मोतीलाल नेहरू ने एक महान् आदर्श रखा। वे छः वर्षों तक केन्द्रीय विधान सभा में विरोधी दल के नेता रहे। विरोधी दल में अनेक सदस्य विभिन्न सम्प्रदायों के थे। उन्होंने उन सभी को

एक किया, संगठित कर उन्हें एक टीम की तरह बना दिया और उन्होंने तत्कालीन विधान सभा में लगातार चार बजट अस्वीकार करा दिए। उन्होंने भारत के लिए स्वशासन के सम्बन्ध में एक संकल्प का प्रस्ताव रखा जो 48 मतों के विरुद्ध 76 मतों से पारित हो गया, उनके विरोध में सरकारी पक्ष और उनके नामित सदस्य थे। पर उनकी उपलब्धि में महान् बात यह थी कि उनके मन में किसी के प्रति कोई दुर्भावना, कोई कटुता नहीं थी और जहां एक ओर उनको समर्थकों का विश्वास और स्नेह प्राप्त था वहीं उन्हें अपने विरोधियों का आदर और प्रशंसा भी प्राप्त थी। सभी कुछ बड़े शान्त और सम्मानजनक ढंग से होता था। उस समय देश के सामने स्वशासन से बड़ी कोई समस्या नहीं थी। यहां इस केन्द्रीय विधानसभा में भारतीय राष्ट्रीयता और विदेशी उपनिवेशवाद के मध्य लड़ाई छेड़ी गई और उन्होंने स्वतन्त्रता-प्राप्ति के लिए आधार तैयार किया। उन्होंने हमारे समक्ष सम्मानजनक और अनुशासित व्यवहार का ऐसा उत्कृष्ट उदाहरण रखा है जिसे हम लोगों को संसद के परिसर में प्रवेश करते समय स्मरण रखना चाहिए।

उन्होंने हमें केवल संसदीय प्रजातन्त्र की ही शिक्षा नहीं दी अपितु वे यह भी जानते थे कि कोई भी स्वतन्त्रता तब तक सार्थक नहीं हो सकती जब तक राष्ट्र एकसूत्र में नहीं बंधता। वे इस बात को जानते थे कि धर्म की व्याख्या किस प्रकार धर्मान्धता के रूप में की जाती है। एक प्रकार की उच्च होने की मनोग्रन्थि पैदा हो जाती है कि सत्य पर मेरा ही एकाधिकार है और दूसरे अन्धकार में भटक रहे हैं, वे जानते थे कि हम में से प्रत्येक का यह कर्त्तव्य है कि इस मनोवृत्ति से मुक्त हो जाएं। इस प्रकार की मनोवृत्ति के खतरों से वे परिचित थे। उन्होंने धर्म को राजनीति से जोड़ने का विरोध किया और उनका यह आग्रह था कि हमारे सभी बन्धु देश के नागरिक समझे जाएं और उन्हें किसी जाति से सम्बन्धित करके नहीं देखा जाना चाहिए। उन्होंने हमें एक सुसंगठित समाज बनाने के लिए कहा।

एक और बात है जिसकी ओर मैं आपका ध्यान दिलाना चाहूंगा, वे स्कीन कमेटी के सदस्य थे जिसे राष्ट्रीय रक्षा महविद्यालय की स्थापना का कार्य सौंपा गया था। हम सभी उस काल में जीवन जीने के लिए कार्य कर रहे हैं जब सेना आदि की आवश्यकता नहीं होगी। पर वह समय अभी बहुत दूर है परन्तु जब तक ऐसा समय नहीं आता हमारे लिए यह आवश्यक है कि हम अपनी सेना को बनाए रखें। यह ध्यान रखें कि वह आधुनिकतम हथियारों से सुसज्जित रहे ताकि कोई भी देश हमारे साथ मनमानी न करे। अतः हमारे ऊपर यह दायित्व है कि हम उनकी उन सेवाओं का स्मरण करें जो उन्होंने हमें स्कीन समिति के सदस्य के रूप में प्रदान कीं।

हमारे संविधान और समाज के उद्देश्य उन सिद्धान्तों पर आधारित हैं जो उन्होंने हमें दिए। उद्देश्य आज भी वहीं हैं पर इन उद्देश्यों को प्राप्त करने के लिए हमें सत्ता और स्वार्थ को छोड़कर कर्त्तव्य-भावना, ऊर्जा, उद्यम और संगठन से काम करना होगा। और

ईमानदारी का विकास करना होगा। हमने अपने लिए जो लक्ष्य रखे हैं उनको प्राप्त करने के लिए यह आवश्यक है।

श्री मोतीलाल नेहरू का जीवन देश के जीवन से एकाकार हो गया था और यहां हम इन पन्द्रह वर्षों से अपने प्रधानमन्त्री और उनकी सरकार के मार्गदर्शन में मोतीलाल नेहरू के इन आदर्शों को कारगर वास्तविकता में परिवर्तित करने का प्रयास करते रहे हैं। हमें बहुत समय लगेगा जब हम यह कह सकें कि यहां प्रजातन्त्र जाति, सम्प्रदाय, नस्ल और धर्म की विभिन्नताओं के बावजूद चल रहा है। हम में से प्रत्येक को इस महान् कार्य के लिए अपने को कर्त्तव्यनिष्ठ सेवक समझना चाहिए जिससे हमारे अपने अन्दर की भीरुता समाप्त होगी और हम इस महान् लक्ष्य के अनुरूप और सभ्य समाज कहलाने योग्य हो सकेंगे।

मैं उनसे पहली बार 1928 में कलकत्ता में उस समय मिला जब वे वहां कांग्रेस के सत्र की अध्यक्षता करने आए। उसी वर्ष उन्होंने नेहरू रिपोर्ट नाम से प्रसिद्ध रिपोर्टें प्रस्तुत कीं जो हमारे संविधान निर्माण का प्रथम प्रयास थीं। मैंने उन्हें उस समय भी देखा जब वे केन्द्रीय विधान सभा में स्वराज्य पार्टी का नेतृत्व सम्भाल रहे थे। मैं पुनः उनसे उनकी मृत्यु से कुछ सप्ताह पूर्व मिला जब वे कलकत्ता में उपचार करा रहे थे। उन अन्तिम दिनों में उनके विचार देश के स्वराज पर केन्द्रित थे जिसके लिए उन्होंने पूरी सत्यनिष्ठा और लगन से काम किया था। इलाहाबाद में अपनी मृत्यु से पूर्व वे गांधीजी के आने की प्रतीक्षा कर रहे थे। जब गांधीजी ने वहां पहुंचने पर कहा—"यदि आप इस संकट से उबर आते हैं तो हम अवश्य स्वराज लेंगे।" मातीलाल नेहरू ने कहा था—"महात्माजी, मैं शीघ्र जा रहा हूं और स्वराज देखने के लिए मैं यहां नहीं रहूंगा। पर मुझे ज्ञात है कि आपने स्वराज जीत लिया है और शीघ्र ही उसे आप प्राप्त करेंगे।" हमारा सबसे बड़ा दुःख यह है कि वे उस दिन को देखने के लिए नहीं रहे।

मोतीलाल नेहरू का नाम इस देश के इतिहास वृतान्त में, न केवल उनके व्यक्तिगत योगदान के कारण अपितु उन्होंने इस राष्ट्र और विश्व को जवाहरलाल नेहरू के रूप में जो सर्वोत्कृष्ट और महान् उपहार दिया उसके लिए हमेशा अंकित रहेगा। मोतीलाल नेहरू का समस्त परिवार, उनके उदाहरण से प्रेरित होकर और महात्मा गांधी के प्रभाव में आकर राष्ट्रीय आन्दोलन का अंग बन गया था।

मोतीलाल नेहरू का मस्तिष्क स्वतन्त्र था। वे सभी पूर्वाग्रहों से मुक्त और हिन्दू, मुस्लिम और इंग्लिश सभी के अच्छे प्रभावों के प्रति ग्रहणशील थे।

उनका व्यक्तित्व देखकर हमें रोम के वाणिज्य दूतों की याद आती थी। उनकी उपस्थिति राजसी होती थी और उनके हाव-भाव शाही थे। वे इस संसार से कुछ ऊपर ही रहते थे और किसी भी सभा में वे छा जाते थे। उनके आचरण में साधारणता तो छू तक नहीं गई थी। वे सर्वथा विशिष्ट थे।

वे एक महान् वकील थे, महान् देश-भक्त, महान् व्यक्ति—जो किसी भी छोटे और निन्दनीय कार्य को तो कर ही नहीं सकते थे। उनके व्यक्तिगत और शक्तिशाली चरित्र को भारतीय और ब्रिटिश दोनों ने सम्मान दिया। शब्द के प्रत्येक अर्थ में वे एक विशाल हृदय व्यक्ति थे।

स्वर्गीय श्री मोतीलाल नेहरू की मान्यताओं और उपलब्धियों, नेतृत्व के गुण और मानवता, उनके धैर्य और लगन, उनके दृढ़संकल्प और ऊर्जा, उनके साहस और शक्ति आदि गुणों की लम्बी सूची दी जा सकती है। हमारे देश के सामाजिक जीवन पर इन सबकी अमिट छाप पड़ी है। परन्तु मैं यहां मोतीलाल नेहरू के राजनैतिक और सामाजिक कार्यों तक ही उनके चरित्र को सीमित रख सकूंगा।

राजनीति में मोतीलाल नेहरू के प्रवेश का श्रेय तत्कालीन इतिहास की शक्तियों के साथ-साथ गांधीजी और जवाहरलाल नेहरू को है। वह व्यक्ति वीर नहीं जिसमें उस समय साहस न जाग उठे जब सब कुछ नष्ट हो रहा हो। यद्यपि जीवन में वे आराम के आदी थे और वे पश्चिमी जीवन-शैली और आचरण के प्रशंसक माने जाते थे तथापि उन्होंने गांधीजी द्वारा अपने शिष्यों पर लगाए गए अनुशासन का पालन किया। गांधीजी ने कताई को अपने रचनात्मक कार्यक्रम का आधार बनाया। राजनैतिक कार्यकर्त्ताओं के लिए कताई और खद्दर पहनना आवश्यक था। खद्दर राजनैतिक कार्यकर्त्ताओं और भारत के लाखों लोगों के मध्य सहानुभूति का बंधन बन गया था। उन्होंने अपनी विदेशी पोशाक उतार फेंकी और भारतीय शैली में खद्दर पहनना शुरू किया और अपनी इस नई शैली में वे और भी अधिक प्रभावशाली और आकर्षक लगते थे। उन्होंने इलाहाबाद की गलियों में खद्दर की बिक्री की। वे सविनय अवज्ञा आन्दोलन (1930) में शामिल हो गए और उन्हें सजा भोगनी पड़ी।

उनकी इन राजनैतिक गतिविधियों में दो बातें विशेष उभरकर सामने आती हैं। वे एक महान् संगठनकर्त्ता, महान् सांसद थे और स्वराज पार्टी के नेता के रूप् में केन्द्रीय विधान सभा में उन्होंने जो मानक स्थापित किए वे आज भी हमारे लिए अनुकरणीय हैं। मैंने उन्हें केन्द्रीय विधान सभा में विरोधी दल के नेता के रूप में कई बार दर्शक-दीर्घा से कार्य करते देखा है। अपने ज्ञान की भांति अपनी वेशभूषा में भी उतने ही विशिष्ट थे और उन्होंने बड़ी चतुराई, कानूनी कुशाग्र बुद्धि और संसदीय दक्षता से विरोधी दल का नेतृत्व किया। उन्होंने साइमन कमीशन के लिए विरोधी दल को संगठित किया। उन्होंने सर्वदलीय सम्मेलन की अध्यक्षता की और देश के लिए संविधान का मसौदा तैयार किया! उसी वर्ष, 1928 में वे भारतीय नेशनल कांग्रेस के कलकत्ता अधिवेशन के अध्यक्ष बने। यह उनके लिए प्रसन्नता का विषय था कि जवाहरलाल नेहरू ने उनसे कांग्रेस के अध्यक्ष का पद सम्भाला। उन्होंने फारसी की पंक्तियां उद्धृत कीं और कहा—"जो बाप नहीं कर सका वह बेटा कर दिखाएगा।" उनमें (जवाहरलाल नेहरू में) गांधीजी की बुद्धि और जवाहरलाल नेहरू का स्वर होगा। दिसम्बर 1929 में

जवाहरलाल नेहरू की अध्यक्षता में लाहौर कांग्रेस ने भारत की स्वतन्त्रता का संकल्प पारित किया। यह ठीक अर्द्ध-रात्रि में भारी बहुमत से पास किया गया और इसी के साथ नए वर्ष और नए युग का सूत्रपात हुआ।

अपने संसदीय कार्य के अतिरिक्त, मोतीलाल नेहरू ने सबसे अधिक बल साम्प्रदायिक एकता और सौहार्द पर दिया। यह कोई कूटनीति नहीं थी अपितु उनकी हार्दिक मान्यता और व्यक्तित्व के अन्दर से उभरी हुई चाह थी। जब देश साम्प्रदायिक फूट, कटुता तथा हिंसा से छिन्न-भिन्न हो रहा था, गांधी जी ने उपवास किया। मोतीलाल नेहरू ने एकता सम्मेलन की अध्यक्षता की और 24 सितम्बर, 1924 को सम्मेलन ने संकल्प पारित किया कि "अन्तरात्मा और धर्म की पूर्ण स्वतन्त्रता आवश्यक है। किसी भी धर्म के पूजास्थलों को अपवित्र करना या किसी व्यक्ति को धर्म बदलने के लिए यातना या सजा देना जैसे कार्य निन्दा के योग्य हैं। दूसरे लोगों को विवश करके अपना धर्म स्वीकार करवाना या दूसरों के अधिकारों की कीमत पर बलपूर्वक अपना धर्म लागू करना जैसे कार्य भी निन्दनीय हैं।"

साम्प्रदायिक मेलजोल और धार्मिक भाईचारे की आज भी आवश्यकता है। यद्यपि अपने अतीत में हम अपनी धर्मान्धिता और असहिष्णुता से हानि उठाते रहे हैं तथापि हमने अभी तक इससे कोई सबक नहीं लिया है। साम्प्रदायिकता का नासूर हमारी राजनीति में गहरा होकर बैठ गया है। हमें इसे जड़ से उखाड़ फेंकने के लिए भरसक प्रयत्न करने चाहिए और अपनी मनोवृत्तियों को स्वच्छ करना चाहिए।

मोतीलाल नेहरू क्रांतिकारी सुधारक थे—किसी दिखावे की भावनाओं से नहीं अपितु, सुचिंतित कारणों से। धार्मिक उन्माद तो धर्म की आत्मा या अपने देश की परंपराओं के प्रतिकूल है।

जवाहरलाल नेहरू ने गांधीजी को बताया था कि अपने जीवन के अन्तिम दिनों में मोतीलाल नेहरू गायत्री मन्त्र का जाप करते थे—हालांकि लगभग 40 वर्ष तक उन्होंने इसका जाप नहीं किया। इसके अनुसार ईश्वर न क्रोधी पिता है और न कठोर निर्णायक (जज) है परन्तु प्रकाशों का प्रकाश भविष्य में चमचमाती हुई प्रकाश की आत्मा, ऐसा प्रकाश जिसकी ओर हम सभी अपनी अयोग्यता के कारण लड़खड़ाते कदमों से बढ़ रहे हैं। उनके अन्तर्मन में भारतीय संस्कृति और आत्मा की स्वतन्त्रता के लिए, इसकी मानवों और राष्ट्रों के दुर्गुणों को दूर करने की क्षमता के प्रति गहरी निष्ठा थी। मोतीलाल नेहरू के जीवन में सभ्यता के प्रति निष्ठा थी जो मानव की गरिमा और इन्सानी भाईचारे पर आधारित थी।

भारतीय संस्कृति लगभग 50 शताब्दियों से जीवित रही है। यद्यपि इसने अनेक उतार-चढ़ाव देखे हैं तथापि यह हम तक दुर्गम गहराइयों और भक्ति और सेवा की महान् क्षमता के कारण आ पहुंची है। जो राष्ट्रीय आत्मा या ज्ञान कहा जाता है वह गहन और प्राचीन काल से समय-समय पर मार्ग बदलता हुआ हम तक आया है। यह कभी

बाढ़ सा आगे बढ़ता है तो कभी-कभी ऊजड़ एवं शुष्क हो जाता है। ऐसी अचिंत्य बातें हैं जिनसे इतिहास हमारी चेतना में स्पष्ट होता है और जिससे तथ्य गल्प साहित्य की तुलना में कहीं अधिक आश्चर्यजनक लगते हैं। अनेक अवसरों पर हमने पराजय देखी है। लेकिन इन दुर्भाग्यों ने हमारी आत्मा को नहीं तोड़ा। भारत प्रत्येक आघात के उपरान्त पुनः उभरा और अपने दुःख-सन्तापों के बावजूद प्रगति के मार्ग पर आगे बढ़ा है। आज हम अपने इतिहास के सबसे अधिक रचनात्मक काल से गुजर रहे हैं। हम अपनी सांस्कृतिक विरासत को पुनः सम्भालने में लगे हुए हैं। इसमें हम अपने गहन ज्ञान और आज के युग की मांग के प्रति सजग हैं। मोतीलाल नेहरू हिंसा के युग में इतिहास की निर्ममता के शिकार नहीं थे। उन्हें मानव की आत्मा में और उसमें इतिहास को बदल देने की क्षमता में पूर्ण विश्वास था।

लाला लाजपत राय

[1865 – 1928]

लाला लाजपत राय को सामान्यतः 'पंजाब केसरी' के नाम से जाना जाता है। जब हम विद्यार्थी थे तो लाला लाजपत राय और सरदार अजीत सिंह की गिरफ्तारियों और निर्वासन के समाचारों से बहुत दुःखी हुए थे। 1920 के बाद के दशक में अर्थात् उनकी मृत्यु से कुछ पहले मुझे लाला लाजपत राय से बनारस में पण्डित मदनमोहन मालवीय के घर पर मिलने का सौभाग्य मिला था। बाद में मैंने उन्हें पण्डित मोतीलाल नेहरू के नेतृत्व में केन्द्रीय विधान सभा में स्वराज्य पार्टी के सदस्य के रूप में काम करते देखा।

लाजपत राय ने अपना जीवन हिसार में वकालत से आरम्भ किया और बाद में वे लाहौर चले गए, जहां उन्होंने इस व्यवसाय में अच्छी ख्याति और आय अर्जित की। उन्होंने हिन्दू धर्म में घुस आयी अनेक विनाशकारी सामाजिक कुप्रथाओं और विकृत रूपों को अनुभव किया और इनसे समाज को मुक्त करने का निश्चय किया। उन्होंने यह माना कि जब तक हम राजनैतिक स्वतन्त्रता प्राप्त नहीं कर लेते तब तक अपने समाज को उन गम्भीर बुराइयों से मुक्त करना आसान नहीं है जिनसे हमारे समाज के अनेक सदस्य, विशेषतः महिलाएं पीड़ित हैं। अतः लाला लाजपत राय राजनैतिक स्वतन्त्रता के लिए कट्टरता से लड़ने लगे और साथ ही उन्होंने जाति भेद, छुआछूत और महिलाओं की दासता के विरुद्ध भी साहसिक संघर्ष छेड़ा।

उन्होंने शिक्षा को सामाजिक और राष्ट्रीय प्रगति करने के लिए प्रमुख अस्त्र के रूप में देखा। दयानन्द सरस्वती की मृत्यु के बाद लाहौर में डी. ए. वी. कॉलेज की स्थापना की गई और लाला लाजपत राय द्वारा इसका उपयोग राष्ट्रीय शिक्षा और प्रगति के एक शक्तिशाली अस्त्र के रूप में किया गया।

वर्ष 1920 में वे संयुक्त राज्य अमेरिका से लौटे और कृतज्ञ देशवासियों ने उन्हें तत्काल कलकत्ता में भारतीय राष्ट्रीय कांग्रेस के विशेष अधिवेशन का अध्यक्ष चुना। वे मोतीलाल नेहरू, चित्तरंजनदास तथा अन्य द्वारा बनायी गई स्वराज पार्टी के सदस्य बने

तथा केन्द्रीय विधान सभा के लिए चुने गए। उनके नेतृत्व में केन्द्रीय विधान सभा में साइमन कमीशन के बहिष्कार से सम्बन्धित संकल्प पारित किया गया। उन्होंने इस संकल्प का व्यक्तिगत उदाहरण देकर पालन किया और जब 1928 में साइमन कमीशन वस्तुतः लाहौर पहुंचा तो उन्होंने कमीशन के विरुद्ध भारत की अप्रसन्नता व्यक्त करने के लिए एक जलूस का नेतृत्व किया। पुलिस ने भीड़ को लाठियों के प्रहारों से तितर-वितर किया और इसी में लाला लाजपत राय को गम्भीर चोटें आयीं जिनसे वे फिर न उबर सके। 17 नवम्बर, 1928 को उनका देहावसान हो गया।

स्वराज पार्टी के अनेक सदस्य स्वतन्त्रता प्राप्ति के लिए गांधी जी के सविनय अवज्ञा, अहिंसा और असहयोग के मार्ग से पूर्णतः सहमत नहीं थे। 'द पीपुल' के प्रथम अंक में गांधी जी के कार्यक्रम से लाला लाजपत राय के मतभेद स्पष्टतः व्यक्त किए किए गए। उन्होंने लिखा :

> "अतिनाटकीयता और अतिसंवेदनशीलता का राजनीति में कोई स्थान नहीं है। हम कुछ समय से ऐसी योजनाओं पर प्रयोग करते रहे हैं जो मानव प्रकृति में बिना कोई भारी परिवर्तन लाए सफल नहीं हो सकतीं। राजनीति मूलतः और अनिवार्यतः एक राष्ट्र के जीवन की सच्चाइयों से सम्बन्ध रखती है और राष्ट्र की प्रगति की सम्भावना इनहीं पर निर्भर है। मानव प्रकृति महीनों और वर्षों में नहीं बदली जा सकती। आपको इसके लिए दशकों, यहां तक कि शतकों तक की जरूरत होगी। पैगम्बर, स्वप्नदृष्टा और दूरदर्शी लोग इस पृथ्वी के नमक हैं। इनके बिना संसार दीन-हीन रहेगा। लेकिन विदेशी सत्ता और वह भी संगीन की नोक पर बनाए रखने वाली सत्ता के अन्तर्गत रहने वाले राष्ट्र की स्वतन्त्रता का आन्दोलन मानव प्रकृति में शीघ्र परिवर्तन होने पर आधारित नहीं होना चाहिए। ऐसे प्रयास असफल ही होंगे और इनका अन्त भयानक कार्यों में होगा।"

लाजपत राय गांधीजी के शान्तिपरक उपायों द्वारा स्वतन्त्रता प्राप्ति के प्रयासों को फलीभूत देखने के लिए जीवित न रह सके।

ऐसे समय में, जिसमें हम सब आज हैं, जब विश्व के विभिन्न भागों में युद्ध हो रहे हैं और परमाणु अस्त्र एकत्र हो रहे हैं, हमारे लिए यह याद रखना बुद्धिमत्तापूर्ण होगा कि आज विश्व की सुरक्षा के लिए महात्मा गांधी द्वारा बताए गए मार्ग के अतिरिक्त अन्य कोई उपाय नहीं है। हम स्वयं यातना सह लें पर दूसरों को यातनाएं न दें। यदि हमारे अन्दर इच्छा है, धैर्य है और इसके लिए आवश्यक सहिष्णुता है तो सभी अन्तरराष्ट्रीय संघर्ष शान्तिपूर्ण उपायों द्वारा सुलझाए जा सकते हैं। यह सत्य है कि ऐसे अवसर आयेंगे जब मानव प्रकृति यह अनुभव करे कि एक गलती का सामना करने के लिए दूसरी गलती करना उचित है। परन्तु हमारे निकट अतीत का इतिहास इस प्रकार

की तुरन्त की जाने वाली कार्यवाही के विरुद्ध ज्वलन्त विरोध का प्रतीक है।

यद्यपि लाला लाजपत राय ने लोगों के बीच भेदभाव को दूर करने के लिए भरसक यत्न किए तथापि हम आज भी जाति, समुदाय, नस्ल और धर्म के नाम पर आपस में भेदभाव रखते हैं। इससे उन लोगों के सम्मान को ठेस लगती है जिनके प्रति यह भेदभाव होता है। यदि लाला लाजपत राय के जीवन से हम कोई सबक ले सकते हैं तो वह यह है कि राजनैतिक स्थिरता केवल सामाजिक समानता पर ही निर्भर रह सकती है। हमारे ऊपर प्रचलित परम्पराओं के बल पर या अतीत के प्रमाणों के आधार पर जो भेदभाव लादे गए हैं उनके विरुद्ध हमें लड़ाई छेड़नी होगी। लाला लाजपत राय के अन्दर ज्वलन्त देश-भक्ति, जोखिम उठाने की क्षमता, यातना सहने की शक्ति, ब्रिटेन तथा अमेरिका में उनका निर्वासन और बाद में शहादत, यह प्रकट करते हैं कि वे किस मिट्टी के बने थे। उनकी मृत्यु पर लिखते हुए गांधी जी ने कहा था :

"लाला लाजपत राय जैसे व्यक्ति तब तक नहीं मर सकते जब तक भारतीय आकाश में सूर्य चमक रहा है।"

रवीन्द्रनाथ ठाकुर

[1861 – 1941]

रवीन्द्रनाथ ठाकुर ने संसार की दृष्टि में हमारे देश के मस्तक को ऊंचा किया है। वे सर्वतोमुखी प्रतिभासम्पन्न, साहित्यकार, कलाकार, शिक्षक, कवि, गीतकार और अभिनेता थे। प्रकृति उन्हें उपहार देने और कृपापूर्वक भाग्य देने में पर्याप्त उदार रही। डॉ. राय ने ठीक ही कहा था कि उनकी मान्यताएं बुद्धि पर आधारित न होकर दृष्टि पर आधारित थीं। रवीन्द्रनाथ ठाकुर हमें कोई दर्शन-तन्त्र नहीं देते अपितु ज्ञान का आलोक देते हैं जो हमारे मस्तिष्क को प्रकाशित करता है और हृदय को सौहार्द देता है। उनकी रचनाएं कोई सन्देश न देकर एक अलौकिक सौन्दर्य को साकार करती हैं। व्यक्ति को सामान्य जीवन की बासी हवा से उठाकर ऐसे क्षेत्रों में पहुंचाना जहां स्वार्थ और कुतर्कों से शाश्वत सत्य धुंधला नहीं होता और आदमी का साधारण अस्तित्व जीवन्त, उद्दाम और शक्ति बन जाता है—यही रवीन्द्रनाथ के जीवन का उद्देश्य था।

प्रतिभासम्पन्न व्यक्ति को पुरुष, नारी और शिशु के मिश्रित गुणों से सम्पन्न कहा जाता है अर्थात् उसमें शक्ति, बुद्धि, भावप्रवणता और स्थायी कौतूहल होता है। ये कोई एक व्यक्ति में ही निहित विशेषताएं नहीं हैं। ऐसी महिलाएं हैं, जिन्हें हम उनकी बुद्धि की उद्दामता के लिए जानते हैं। हम सभी में कुछ न कुछ अंश तक उत्सुकता या आश्चर्य का भाव रहता है।

एक सुधारवादी हिन्दू परिवार में जन्मे रवीन्द्रनाथ ने न केवल अतीत से सामंजस्य की हिमायत की अपितु उन्होंने अतीत से मुक्त होने को भी कहा। सभी प्रकार के स्वस्थ विकास के लिए निरन्तरता और परिवर्तन की आवश्यकता होती है। हम तब तक स्वतन्त्र नहीं हैं जब तक हमारे मस्तिष्क मृत संस्कारों, क्रूर निषेधों और विकृत सामाजिक आदतों से मुक्त नहीं होते। आत्मा के प्रत्येक संक्रमण का अर्थ है पुराने शरीर या पुराने परिधानों को छोड़कर नए में प्रवेश करना। रवीन्द्रनाथ ने यह अनुभव किया कि भारतीय लोग अपने मस्तिष्क में इतने आत्मकेन्द्रित और आलसी हैं कि वे अपने दुराग्रहों, जड़ता और हिंसा को नहीं छोड़ सकते।

उन्होंने हमारी अनेक सामाजिक प्रथाओं का विरोध किया। जहां एक रुके हुए तालाब में मलेरिया और मच्छर पैदा होते हैं, एक जीवन्त धारा जैसे-जैसे बहती है जल को स्वच्छ करती जाती है। आत्मविश्वास के लिए स्थायी पुनर्नवीकरण और पुनर्समर्पण जीवन के सार हैं।

रवीन्द्रनाथ की महान् कृतियां दृष्टि की गहनता और अनुभूति से उत्पन्न हुईं। वे अपनी साहित्यिक कृतियों में मानव जीवन के उस पहलू की चर्चा करते हैं जो व्यापक और असीम हैं, जिसमें राग और सहानुभूति है, प्रेम और मित्रता है, प्रसन्नता और दुःख है, जिनको केवल बुद्धि व्यक्त नहीं कर सकती। उन्होंने सौन्दर्य और वीरता, कुलीनता और सुन्दरता, समर्पण और निराशा, विद्रोह की स्वीकृति और पराजय की लज्जा के गीत गाए। जब हम इस महान् कवि को पढ़ते हैं तब संसार को हम परिष्कृत दृष्टि से देखते हैं। उनके गीत न केवल बंगाल में अपितु समस्त भारत में गाये जाते हैं।

'काबुलीवाला' जैसी अपनी कहानियों के माध्यम से वे अनेक बच्चों को भोला-भाला हास्य प्रदान करते हैं। उन्होंने 'क्रिसेन्ट मून' जैसी रचनाओं में चांदनी के खण्डों को समेट और शुद्ध कर अपने शब्दों में व्यक्त किया।

वे एकान्तसेवी नहीं थे। 1905 में उन्होंने कलकत्ता की गलियों में यह गाना गाते हुए एक जुलूस का नेतृत्व किया 'क्या तुम इतने शक्तिशाली हो कि परमात्मा के बनाए बन्धनों के टुकड़े-टुकड़े कर दो?' लाखों स्वरों ने उनके 'जन-गण-मन' राष्ट्र-गान को गाया है जिसमें अपने देश की एकता को मजबूत करने और इसके प्रति निष्ठावान रहने को कहा गया है।

प्रतिभा का अर्थ है—दूरदृष्टि—पूर्वानुभूति। रवीन्द्रनाथ ने अनुभव किया कि विश्व का भावी रूप लोगों के भाईचारे में है। उनकी विश्वभारती संसार का विश्वविद्यालय थी, उस दूरस्थ लक्ष्य की प्राप्ति की पूर्वपीठिका थी जहां विश्व एक ही नीड़ में निवास करेगा।

यत्र विश्वम् भवति एकनीडम्'। सभी नस्लें और राष्ट्र एक ही विश्व के हैं। मन और आत्मा का राष्ट्रमंडल ही राजनैतिक राष्ट्रमंडल की भूमिका है। टैगोर विश्व नागरिक थे—विश्व-मानव।

वे न केवल कवि और नाटककार थे अपितु वे उपन्यासकार तथा कहानी-लेखक, एक गीतकार तथा अभिनेता, गम्भीर चिन्तक तथा समाज सुधारक, एक शिक्षक, एक राष्ट्र-भक्त और अन्तरराष्ट्रीय थे। जैसे इतना पर्याप्त न हो, अपने जीवन की संध्या में वे पेंटिंग की ओर झुके। इसमें उन्होंने परम्परागत रूपों को छोड़कर नए रूपों और रंगों के साथ प्रयोग किए। उनकी कलाकृतियां और रेखाचित्र जो लगभग 1500 हैं—सुरक्षित हैं—हमें कल्पना लोक और अवास्तविकता में ले जाते हैं। हम उनका सम्मान इस बहुमुखी प्रतिभा के लिए ही नहीं करते अपितु इस अशान्त विश्व में उन्होंने अपनी कृतियों और अपने जीवन द्वारा जो मार्गदर्शन दिया है उसके लिए भी करते हैं।

उनका अपना जीवन ही एक स्मारक था, न केवल उनकी उपलब्धियों के रूप में अपितु आगे आने वाली पीढ़ियों के लिए एक पाठ के रूप में। विश्व उन्हें अपना इसलिए कहता है कि वे कुछ बन गए थे और ऐसे बन गए थे जैसे लाखों लोग बनने की कामना करते हैं। उनमें अस्तित्व का ऐसा सामंजस्य था, जो एक प्रतिभासंपन्न व्यक्ति का ही हो सकता था। उनमें इतनी निर्मल और प्रशांत बुद्धि थी जिसकी कामना तो बहुत करते हैं पर वह कुछ को ही प्राप्त होती है।

मानव जाति की तत्काल आवश्यकता यह है कि वह अपने विकासक्रम में एक कदम और आगे बढ़े। रवीन्द्रनाथ का उद्देश्य पूर्व और पश्चिम के मध्य, एक-दूसरे को समझने और एक-दूसरे के ज्ञान के आदान-प्रदान से, सामंजस्य पैदा करना था। 'समस्त मानवता की महानता मेरी है।' 'मानव का असीम व्यक्तित्व सभी जातियों के मध्य पूर्ण सामंजस्य से ही उभर सकता है। मेरी यह प्रार्थना है कि भारत इस पृथ्वी के सभी लोगों के मध्य सहकार का प्रतिनिधित्व करे। भारत के लिए एकता ही सत्य है और विभाजन ही बुराई है।'

यद्यपि उनका कार्य भारत-भूमि पर था, उनका मस्तिष्क विश्व के व्यापक परिवेश को देखता था और मानव प्रकृति की उनकी जानकारी बहुत गहरी थी। अतः उनकी कृतियों में सार्वभौमिक आकर्षण है। उनकी कविताएं और गीत एक विशिष्ट उद्दाम भावना से ध्वनित होते हैं जो उनमें सौन्दर्य-साधना से पैदा हुई है। उनमें मित्रता की अस्थिरता, प्रेम के सौन्दर्य, एकान्त के दर्द, ह्रास और अश्रु, अतृप्त कामनाओं के दर्द और पीड़ा, द्वन्द्व की भयंकरता और अपयशकारी आचरण की लज्जा को अभिव्यक्ति मिली है। उनमें हमारे मन के अन्तरतम की भावनाओं को उद्वेलित करने की पूरी सामर्थ्य है।

रवीन्द्रनाथ की रचनाओं के अनेक भाषाओं में अनुवाद हुए हैं परन्तु सर्वोत्कृष्ट अनुवाद भी वह संगीत और मधुरता पैदा नहीं कर सकते जो उनकी मूल रचनाओं में है।

रवीन्द्रनाथ की रचनाओं में प्रेरणा की एकता है। वे ऐसे समय पैदा हुए जब देश क्रान्ति की मनोदशा में था। सामाजिक, राजनैतिक और धार्मिक संस्थाओं के प्रति एक सजग विद्रोह चल रहा था। रवीन्द्रनाथ ने इस आन्दोलन में भाग लिया और इसे आगे बढ़ाने में सहायता की। यद्यपि वे सामाजिक असमानता और धार्मिक प्रतिक्रिया से परिचित थे और उन्होंने उनका विरोध भी किया तथापि वे भारत के ऋषि-मुनियों द्वारा रखे गए मूल आदर्शों की सत्यता और शक्ति से बहुत गहराई से प्रभावित थे।

उनकी एक कविता का आशय कुछ इस प्रकार है :

"हे मातृभूमि !
सारा विश्व होता है तुझसे हर्षित।
तेरे ही तपोवनों से उठे थे
प्रथम पावन गीतों के स्वर।
तेरी ही उषा से फैली थी

पहली ज्ञान किरण
महान् विचारों और कर्मों ने
महाकाव्यों में पाये थे स्वर॥"

वे कहते हैं कि भारत ने उथल-पुथल के युगों में अपने ऋषियों की ज्ञानपूर्ण चेतना से उपजे जीवन्त शब्दों को सहेजकर रखा है।

अपनी कविता में उन्होंने भारत की शास्त्रीय परम्परा की व्यक्तिगत रूप से पुष्टि की है। जब वे भारत से प्रेम करते हैं तब वे भारत की इसी परम्परा को चाहते हैं। 'रिलीजन ऑफ मैन' में वे लिखते हैं : 'मैं भारत को भौगोलिक इकाई नहीं मानता। मेरे लिए भारत एक आध्यात्मिक व्यक्तित्व है। यह मानव के अतीन्द्रिय अस्तित्व में आस्था की भावना है जिसके आगे सभी भौतिक समृद्धि नगण्य हो जाती है। अपना सब कुछ खो देने के उपरान्त भी भारत इस भावना को अपनाए निरन्तर खड़ा रहता है। यह एक ऐसी गरिमा है जिसके आधार पर देश अपने उज्ज्वल भविष्य की कामना कर सकता है।' 1925 में उन्होंने एक पुस्तक प्रकाशित की, 'द ज्योग्रेफिकल इंट्रोडक्शन टु हिस्टरी' : 'बिना मंच के कोई नाटक नहीं हो सकता, भूगोल के बिना इतिहास नहीं हो सकता। कतिपय स्थानों से जुड़ने के कारण लोगों की स्मृति में ऐतिहासिक चेतना पुनः जागृत होती है।'

टैगोर की राष्ट्रीयता वस्तुतः अन्तरराष्ट्रीय है। 'प्रवासी' शीर्षक से अपनी कविता में वे लिखते हैं :

"माई होम इज एव्रीह्वेयर,
आइ एम इन सर्च ऑफ इट,
माई कंट्री इज इन आल कंट्रीज,
आई विल स्ट्रगल टु अटेन इट।"

(हर जगह है मेरा घर
खोज रहा हूं जिसको।
सब देशों में है मेरा देश
संघर्ष करूंगा पाने को उसको॥")

वे हमें अपने को पूर्वजों की उपलब्धियों के पैमाने से मापने को कहते हैं। अज्ञात स्थानों से अनियन्त्रित लहरों में मनुष्यों की धाराएं देश में आती रहीं और भारत के समुद्र में आकर घुल-मिल गईं। आर्य और द्रविड़, शक और हूण, पठान और मुगल, विभिन्न स्थानों से आए अलग-अलग तरह के इन लोगों ने भारतीय संस्कृति को प्रभावित किया जो एक है, यद्यपि दिखने में वह विविध है।

'मेरे देश को जानने के लिए व्यक्ति को उस युग में जाना पड़ेगा जब इसने अपनी आत्मा को जान लिया था और इस प्रकार यह अपनी भौतिक सीमाओं से परे चला गया था, जब इसने अपनी दैवी चमक से पूर्वी क्षितिज को जगमगा दिया था और

तब उन लोगों ने जो विदेशों में हैं इसे अपना माना था और तब वे जीवन के आश्चर्य में जाग उठे थे। आज के युग में नहीं, जब उसने अपने आपको अन्धकार की तंग सीमाओं में समेट लिया है।'

रवीन्द्रनाथ का दर्शन पूर्णता का था और उसमें एकत्व था। वे विखण्डन की बुराई से और अलगाव की प्रवृत्ति से संघर्षरत रहे।

भारत के दार्शनिक दृष्टिकोण ने टैगोर के लेखन को प्रभावित किया। कला की देवी के आरम्भिक परिवार में दर्शन का कोई स्थान नहीं था। हालांकि कालरिज ने इसे कविता के लिए दुहरी प्रज्ञा कहा। शेक्सपियर की कविता की चर्चा करते हुए कालरिज कहते हैं : "रवीन्द्रनाथ में हम प्रखर कल्पना और अपने लेखन के माध्यम से भारतीय संस्कृति के मूल बौद्धिक और नीतिपरक विचारों को व्यक्त करने की तीव्र भावना का मिश्रण देखते हैं। पुनर्जागरण के हर युग में एक ऐसा समय आता है जब व्यक्ति अचानक अपने अतीत में विचार-बीजों को खोजता है। रवीन्द्रनाथ कहते हैं : 'पेड़ को मिट्टी के बन्धनों से मुक्त करना पेड़ की स्वतन्त्रता नहीं है।'

गेटे 'फास्ट' के माध्यम से मानव आत्मा से साक्षात्कार की कामना करते हैं : आई हैव टु नो दैट द वर्ल्ड कंटेन्स इन इट्स इनमोस्ट बीइंग' (मुझे वह ज्ञात करना है जो विश्व के अन्तरतम में है।) हमारी आधुनिक सभ्यता ने अपने कुछ पक्षों में संसार के रहस्यों से पर्दा हटा दिया है और ऐसा आभास दे रही है जैसे उसके पास सभी प्रश्नों के उत्तर हैं और वह हमें यह शिक्षा दे रही है कि जो दृष्टिगोचर है, स्पर्श योग्य है और मापा जा सकता है वही वास्तविक है। ऐसे समय में जब आकाश ईश्वर की महिमा का गुणगान नहीं करता अपितु अनन्त अन्तरिक्ष की शाश्वत शान्ति बन गया है, जब संसार को ईश्वरीय इच्छा के क्षेत्र के रूप में नहीं देखा जाता और जब हम सब यन्त्रवत् विज्ञान के नियमों का अन्धाधुन्ध पालन कर रहे हैं, रवीन्द्रनाथ ने परमात्मा की शाश्वत सत्यता की पुष्टि की जो समस्त ब्रह्माण्ड को ज्ञान और प्रेरणा देता है। संसार उन वस्तुओं का योग नहीं है जो अस्तित्व में है। यह वह नहीं है जो नियमों से शासित है।

रवीन्द्रनाथ धर्म के आलोचकों के सन्देहों और कठिनाइयों को समझते थे। "मैं परमात्मा को इसलिए प्रेम करता हूं क्योंकि उसने मुझे उसे नकारने की स्वतन्त्रता दी है।" अनेक नास्तिक लोगों ने अब ईश्वर की रचनात्मक खोज आरम्भ कर दी है। नास्तिकता ईश्वर का नकारात्मक निषेध नहीं है अपितु आधुनिक ज्ञान ने जो सत्य की नई दिशाएं दी हैं उनके माध्यम से ईश्वर तक पहुंचने के लिए आत्मा का सकारात्मक आन्दोलन है। यद्यपि ज्ञान की कोई सीमाएं नहीं हैं तथापि रहस्य का भी कोई अन्त नहीं है।

वास्तविक से असन्तोष और अज्ञात की चाहना सभी धर्मों का मूल तत्त्व है। मानव पूर्णता प्राप्त करने के लिए संघर्षरत है। उसे प्राप्त न कर सकने की असफलता में कोई अपमान नहीं है, पर इसकी कामना न करना दुर्भाग्य है। मानव का संघर्ष मुक्ति के

लिए संघर्ष है।

मैं अशान्त हूं। मुझे सुदूर वस्तुओं की चाह है,
मेरी आत्मा सुदूर अन्धेरे के एक छोर को छूना चाहती है,
हे ईश्वर, तुम्हारी वंशी की मधुर तान पर
मैं भूल जाता हूं, हमेशा भूल जाता हूं कि मेरे पंख नहीं हैं।
कि मैं उड़ूं, पर मैं यहां और भी बंधता जाता हूं।

भारतीय परम्परा इस बात में विश्वास करती रही है कि मानव को बुद्धि के धरातल से अध्यात्म के स्तर तक पहुंचना होगा। ईश्वर की बौद्धिक जानकारी आध्यात्मिक अनुभूति से भिन्न है। पूर्ण मुक्ति सम्बन्ध के उस सुमेल में है जो हम उसके साथ स्थापित करते हैं, यह पूर्ण मुक्ति उस सम्बन्ध की जानकारी में नहीं वरन् उसके होने में है। ज्ञान के पदार्थ हमसे जो कि ज्ञाता है काफी दूरी रखते हैं क्योंकि ज्ञान साक्षात्कार नहीं है। हम मुक्ति के संसार को पूर्ण संवेदना से ही प्राप्त कर सकते हैं। टैगोर कहते हैं, 'मैंने उपनिषद् लेखक की आत्मा में उसे देखा है जो अन्यतम है।'

कवि लिखते हैं : 'मैंने उसे देखा है, सुना है, उस ज्ञान की गहनता में रहा हूं और उस सत्य का अनुभव किया है जो सब ज्ञानों से ऊपर है और उससे भावविभोर होकर मैं गाने लगता हूं।' सत्य को प्राप्त करने पर ही स्वतन्त्रता (मुक्ति) मिलती है। अज्ञान ही बंधन है, ज्ञान ही मुक्ति है।

उनके जीवन और विचार के मूल गुण का निर्धारण उनके उन अनुभवों से हो सकता है जो उन्हें हुए। एक दिन प्रातः अपने घर के बरामदे में खड़े हो, बाग के सघन पत्तों से सूर्योदय को देख उन्हें ब्रह्माण्ड के सौन्दर्य और आनन्द का बोध हुआ। "मुझे अचानक यह अनुभव हुआ जैसे कोई अतीत का कोहरा मेरी दृष्टि से हट गया है और विश्व के मुखमण्डल पर प्रातःकालीन प्रकाश से आनन्द का आन्तरिक आलोक प्रकट हो गया है।" सभी वस्तुओं से साधारण अदृश्य पर्दा उठ गया है और सभी मनुष्य और उनकी अन्तिम सत्यता, मेरे मस्तिष्क में सघन हो गए···निरर्थक खण्डों ने अपना अलगाव खो दिया और मेरा मस्तिष्क दृष्टि की एकता से भर गया···मैंने निश्चयपूर्वक अनुभव किया कि कोई ऐसी सत्ता जिसने मेरी और मेरे विश्व की रचना की है अपनी सर्वोत्तम अभिव्यक्ति मेरे सभी अनुभवों से कर रही है, उनको निरन्तर व्यापक होते हुए व्यक्तित्व में एकाकार कर रही है जो कला का आध्यात्मिक कार्य है।" रवीन्द्रनाथ का धर्म उनकी दृष्टि और अनुभव पर आधारित है न कि ज्ञान पर।

मानव में अन्तिम सत्य ज्ञान नहीं है अपितु, वह दीप्तिमान चेतना है जिसे वह तब प्राप्त करता है जब वह अपनी संवेदनाओं को जाति और रंग की सभी सीमाओं के पार पहुंचाता है। तब उसे पता चलता है कि सभी वस्तुएं आध्यात्मिक दृष्टि से सजीव हैं। विश्व हमसे अलग नहीं है। यह मानव की आत्मा के रहने का स्थान है। सभी वस्तुओं में कुछ न कुछ वर्णनातीत है।

परम-सत्य की अनुभूति जो हमारे महान् ऋषियों को हुई—सही व्याख्या या परिभाषा से परे है। इसीलिए अलग-अलग तरह से व्याख्या की जाती है। उपनिषद् के शब्दों में यह हृदय, मनीषा और मानस से जाना जाता है।

उपनिषद् में प्रकट किए गए विचारों के अनुसार :

यह रूप दृष्टि के क्षेत्र में नहीं आता,
न कोई इसे आंखों से देख पाता है।
हृदय से, चिन्तन से और मस्तिष्क से इसे समझकर,
जो इसे जानते हैं, वे अमर हो जाते हैं।

कवि धर्म में बंधी-बंधाई रीति का कोई स्थान नहीं है। धर्म मानव के सम्पूर्ण अस्तित्व की सत्य की ओर साहसिक अनन्त यात्रा है और यह सत्य इसी मार्ग में प्रकट हो जाता है। सत्य किसी व्यक्ति या वर्ग, नस्ल या धर्म की नितांत, निजी संपत्ति नहीं है। एक ही सत्य के अनेक मुख हैं। 'बहूनि मुखानि एकम् सत विप्रा बहुधा वदन्ति।' सत्य या शुद्ध केवल एक है। ज्ञानी पुरुष उसका अनेक प्रकार से वर्णन करते हैं। इसी दृष्टिकोण के आधार पर भारत सर्वधर्म समन्वय के लिए संघर्षरत रहा है। भेदों का निर्धारण भूगोल और इतिहास की घटनाओं से होता है। परमात्मा की धारणा हमारी परम्परा और प्रशिक्षण से सापेक्ष है। एकरूपता के स्थान पर अनेकता में एकता पर बल भारतीय दृष्टिकोण में सदियों से विद्यमान रहा है।

'द सेण्टर ऑफ इण्डियन कल्चर' नामक अपने निबन्ध में टैगोर कहते हैं : "हमें यह स्मरण रखना चाहिए कि (ईश्वर द्वारा) विशेष रचना का सिद्धान्त प्राचीन और असंगत है, और विशेष कृपापात्र जाति का विचार बर्बर युग का है। हमने अब यह समझ लिया है कि कोई विशेष सत्य या विशेष संस्कृति जो सार्वभौमिकता से पूरी तरह अलग है, वह नितान्त सत्य नहीं है।" वे हमें स्मरण कराते हैं कि "हमारे पूर्वज एक सफेद कालीन बिछाते थे और समस्त विश्व को सौहार्द और भाईचारे से उस पर बैठने के लिए आमंत्रित किया जाता था। उसमें कोई झगड़ा नहीं था क्योंकि वह जिसके नाम से आमंत्रण होता था, सदा शांतिमय है, सभी संघर्षों के मध्य है, ईश्वर जो सभी विनाशों और कष्टों के मध्य व्यक्त होता है, सृष्टि की समस्त विविधताओं में एक है। प्राचीन भारत में उसी के नाम पर शाश्वत सत्य की घोषणा की जाती थी। जो अपने अन्दर सभी को देखता है वही केवल उसे देखता है।"

टैगोर उस सर्वोच्च सत्ता को व्यक्तिगत रूप में देखते हैं। वे लिखते हैं : "मैं एक ऐसे परिवार में पैदा हुआ जो उस समय हृदय से उपनिषद् के दर्शन पर आधारित एकेश्वरवाद विकसित कर रहा था।" एकेश्वरवाद विश्व से परे भावशून्य तत्त्व को केन्द्र में नहीं रखता अपितु वह प्रेम के देवता को केन्द्र में रखता है जो सबको ज्ञान और प्रेरणा देता है।

अपने सत्तरवें जन्मदिन पर दिए गए सन्देश में उन्होंने कहा : "सत्य की श्वेत

ज्योत्स्ना के सन्देशवाहकों का, जो मानव को शान्ति का मार्ग दिखाते हैं, मैं सम्मान करता हूं और मैं जानता हूं कि मैं उनके साथ नहीं हूं। किन्तु जब यह ज्योत्स्ना अपने आपको प्रसन्नतापूर्वक चारों ओर विश्व में बिखेर लेती है तब वहीं कवि के रूप में मेरा कर्त्तव्य आरम्भ होता है। मैं अनेक अभिव्यक्तियों का स्वर हूं, अनन्त का आत्म-प्रकटन, इसकी अनन्त संज्ञाहीन प्रसन्नता का प्रकटन और उसकी सुन्दरता का प्रकटन जो सबका पालनहारा है।"

टैगोर के लिए ईश्वर, मानव और प्रकृति एक में ही समाविष्ट हैं। वे उस दृष्टिकोण को नकारते हैं जो विश्व को कंकालों की घाटी, मुर्दाघर, मिथ्या या झूठा मानता है। मध्यकालीन यूरोप में शरीर को अशुद्ध माना जाता था और संसार को मिथ्या और मुक्ति के एकमात्र मार्ग के रूप में संन्यास का सुझाव दिया जाता था। टैगोर के लिए समस्त ब्रह्माण्ड उसी सर्वोच्च सत्ता की अभिव्यक्ति है। ईशावास्यम् इदम् सर्वम्। सभी वस्तुएं आपस में जुड़ी हुई हैं—सूत्रे मणि-गणा इव। आत्मा और जीवन एक ही सत्य के दो ध्रुव हैं।

शंकर भी, जो माया के सिद्धान्त के लिए प्रसिद्ध हैं विश्व को मिथ्या या स्वप्न मात्र नहीं मानते। वे हमें बताते हैं कि यह समस्त संसार को ज्ञात है (सर्वलोक प्रत्यक्ष)। और यह सभी अनुभवों से सिद्ध है (सर्वानुभवसिद्ध)।

टैगोर के लिए संसार विविध, सुन्दर और नवीन है। यह मानव आत्मा को निश्चितता तथा शान्ति प्रदान करता है। कवि जीवन को स्वीकारता है। जीवन वस्तुतः जीने योग्य है। इसमें दुःख-दर्द हो सकते हैं परन्तु यह इन्हीं के कारण और आत्मज्ञान की एक झलक के कारण मूल्यवान है। यह सोचना ठीक नहीं है कि केवल वे ही दूसरों के दुःख को जानते हैं जो दुःखी हैं। जब हम सहानुभूतिपूर्वक दूसरों की सहायता करते हैं तो हमारी यह सहायता करने की इच्छा जीवन में आनन्द की प्राप्ति से गहन रूप से जुड़ी होती है। कभी-कभी दुःखी आदमी कटु हो जाते हैं और दूसरों को कष्ट देने लगते हैं। मानव तो प्रेम करने और प्रेम पाने के लिए पैदा हुआ है। भारत में जो प्रतीक प्रयोग में आता है वह कमल है, (क्रास) सूली नहीं—हालांकि दोनों ही पूर्णता के मार्ग के विभिन्न पक्षों पर बल देते हैं। टैगोर मानव की, प्राकृतिक और ब्रह्माण्ड की शक्तियों के साथ, जिनसे वह घिरा हुआ है, तालमेल बिठाने की शक्ति और आनन्द प्राप्त करने की क्षमता में विश्वास करते हैं। 'संसार की गति की सीमाएं हैं अन्यथा इसका कोई अस्तित्व नहीं परंतु इसकी शक्ति इसकी सीमाओं में नहीं जो इसे रोके हुए हैं अपितु पूर्णता की ओर इसकी गति में है।'

धर्म को आचरण के आडम्बर या समारोहपूर्वक पूजा-पाठ मानकर भ्रम में नहीं पड़ना चाहिए। यह आत्मा की शुद्धि और अपना पुनर्निर्माण है। यह केवल सत्य की खोज नहीं अपितु अपने स्वार्थ, अहम्, लोभ आदि पर विजय है। आत्मसंयम से ही व्यक्ति अपने लक्ष्य तक पहुंच सकता है। अहम् का लोप ही पूर्णता का मार्ग है। लक्ष्य

की ओर निरन्तर त्याग से बढ़ा जा सकता है। रवीन्द्रनाथ कहते हैं : "जीवन मृत्यु की वेदी पर शाश्वत अर्पण है।"

जब हम उस ईश्वर का बिम्ब हो जाते हैं, जब हम उसमें और उसके साथ एकाकार हो जाते हैं, तो हम उसके प्रकाश और शक्ति का माध्यम बन जाते हैं, उसकी क्रिया का यन्त्र बन जाते हैं। सत्य को केवल वही जानता है जो आत्मा में जीव मात्र की एकता देखता है। तब सभी व्यक्ति बन्धुवत् दिखाई देते हैं : 'भ्रातरो मानवा सर्वे।' भारतीय संस्कृति का यह मूल सिद्धान्त है, मूल मन्त्र है। क्योंकि सभी मानव मात्र ईश्वर की किरणें हैं, उसके स्फुलिंग हैं।

टैगोर के लिए सामाजिक उद्देश्य और आध्यात्मिक जीवन में कोई टकराव नहीं है। उन्होंने 'हिब्बर्ट लेक्चर' का जो शीर्षक रखा वह 'द रिलीजन ऑफ मैन' था। यह सम्पूर्ण मानवता का धर्म है जिसका रहस्य अभी भी अज्ञात है। उनके अन्दर संवेदनशील समाज-चेतना थी। जब वे उन दुर्दिनों की चर्चा करते हैं जिनमें हमारा देश पड़ा हुआ था, तब वे उन सामाजिक विषमताओं, अपमान और कठिनाइयों की ओर इंगित करते हैं जो हमारे करोड़ों देशवासी भोग रहे थे। हम सभी समान पैदा हुए हैं परन्तु जिस प्रकार हमारा पालन-पोषण होता है उससे हमें असमान और अलग-अलग बना दिया जाता है। सभी नीतिग्रन्थों का मूल सिद्धान्त व्यक्तित्व को आदर देना है। अपने व्यवहार में हमने इसकी अवहेलना की है। टैगोर ने अन्धविश्वासों, जाति और धर्मों के संघर्षों और इस भूमि के उत्तराधिकार से वंचितों के प्रति उदासीनता के विरुद्ध विद्रोह को स्वर दिया।

राजनैतिक विकास नैतिक विकास से भिन्न नहीं है। हमारे राजनैतिक बंधनों में अपनी आन्तरिक कमजोरियां दिखाई देती हैं। "जो लोग अपने अन्दर के स्वराज को नहीं प्राप्त कर सके हैं उन्हें अपने बाहर के स्वराज को भी खोना पड़ेगा।" उन्होंने राष्ट्रीय पुनर्निर्माण के लिए सार्थक कार्यक्रम बनाने की मांग की और कहा—विदेशी शासन की अस्वीकृति मात्र पर्याप्त नहीं है। हमें उन आन्तरिक कारणों को हटाना होगा जो सामाजिक और राजनैतिक अस्थिरता को बढ़ावा देते हैं। भारत के भविष्य के सम्बन्ध में वे आस्थावान थे।

कवि स्वप्नदृष्टा या भविष्यवक्ता नहीं हैं। वे संसार पर निरन्तर दृष्टि रखते हैं। वे एक महान् संतरी हैं—जैसा कि गांधी जी ने उनके बारे में कहा। किसी भी देश का नैतिक स्वास्थ्य इस बात पर निर्भर है कि उस देश के लोग अपने कवियों और कलाकारों से कितनी प्रेरणा लेते हैं।

रवीन्द्रनाथ के लिए आत्मसंयम ही तपस्या है और वह सांसारिक कर्मों से पलायन नहीं है। अपने जीवन के आरम्भ में ही जब वे केवल सत्रह वर्ष के थे उन्हें भावनाओं पर नियन्त्रण की आवश्यकता पड़ी और उनके सूत्रों से उनकी प्रवृत्ति का पता चलता है।

द फायर रेस्ट्रेण्ड इन द ट्री,
फैशन्स फ्लावर्स
रिलीज्ड फ्राम बॉण्ड्स इट डाइज़ इन एशेस।

(हिन्दी रूपान्तर)

वृक्ष में निहित अग्नि जो
पुष्पों के रूप में प्रकट होती है।
अपने बंधनों से मुक्त हो
राख में उसकी मृत्यु होती है।

नारी के सौन्दर्य के प्रति वे संवेदनशील थे। अपनी एक कविता 'ब्राइडग्रूम' में वे कहते हैं—

बिकाज यू एण्ड आई शैल मीट
द हैवन्स आर फुल ऑफ लाइट,
बिकाज यू एण्ड आई शैल मीट
द वर्ल्ड इज फुल ऑफ ग्रीनरी।

(हिन्दी रूपान्तर)

क्योंकि तुझसे मिलन होगा मेरा
आकाश भर उठा है ज्ञान के प्रकाश से।
क्योंकि तुझसे मिलन होगा मेरा
विश्व भर उठा है हरीतिमा के हास से॥

आत्मज्ञान का आशय यह नहीं है कि बाह्य संसार के प्रति अपने कर्त्तव्यों से हटकर हम केवल आन्तरिक खोज में लग जाएं। मानव अपने को उतना ही जानता है जितना कि वह विश्व को जानता है। अपने को अलग करके देखना असत्य है या सृष्टि के साथ अपने को एकाकार करके देखना ही सत्य को जानना है। परमात्मा का ज्ञान हमें संसार के मनुष्य और सृष्टि के निकट सम्पर्क में लाता है। यह हमें जीवन से दूर नहीं ले जाता। "मेरा हृदय मानवता के हृदय के साथ एकाकार होने को धड़कता है। कुछ को ज्ञान चाहिए, कुछ को सम्पत्ति परन्तु मुझे तेरा साथ चाहिए ताकि मैं गा सकूं।" टैगोर सुरक्षित जीवन में विश्वास नहीं करते। गीतांजलि की एक कविता में वे कहते हैं : "हमारे मालिक ने स्वयं सृजन का कार्य सम्भाल रखा है। वह हमारे साथ हमेशा बंधा हुआ है।"

गेटे कहते हैं : "आरम्भ में कर्म था।" आध्यात्मिक मुक्ति के नाम पर हमें कर्म से नहीं भागना चाहिए। संयम का अर्थ निष्क्रियता नहीं है। "गृहस्थ अपना जीवन ब्रह्म के साथ एकाकार करेगा, सभी वस्तुओं और कार्यों में सत्य का अनुसरण करेगा और अपने सभी कर्म उस शाश्वत सत्य को समर्पित करेगा। इस प्रकार, हम यह जान गए हैं कि भारत जिस तत्त्व की खोज करता है वह शान्ति नहीं जो नकारात्मक है या यन्त्रवत्

समायोजन नहीं है, अपितु वह है जो शिवम् में है, मंगलकार्य में है, पूर्ण-संयोग के आनन्द में है। भारत अपनी संतानों को कर्मच्युत होने को नहीं कहता पर अपने कर्मों को उस शाश्वत के समक्ष रखकर करने को कहता है और ऐसा करते समय उसे अपने अस्तित्व के आध्यात्मिक अर्थ का ज्ञान होना चाहिए।" "भारत के दो पक्ष हैं—एक में वह गृहस्थ है और एक में वह घूमता हुआ संन्यासी है। पहला अपने घर के कोने से एक इंच भी नहीं खिसकना चाहता। और दूसरे का तो घर ही नहीं है। मैं इन दोनों को अपने अपने अंदर पाता हूं। मैं चारों ओर घूमना चाहता हूं और इस व्यापक विश्व को देखना चाहता हूं, फिर भी मैं अपने लिए किसी कोने की कामना करता हूं, जैसे एक पक्षी के लिए रहने के लिए छोटा घोंसला और उड़ने के लिए विस्तृत आकाश।" टैगोर जीवन का निषेध करने वाले संन्यास को नहीं मानते। "भारत ने अपने धर्म को दो भागों में नहीं बांटा हुआ है जिसमें एक पक्ष व्यावहारिक धर्म का हो और दूसरा केवल दिखावटी। भारत में धर्म समस्त समाज के लिए है—इसकी जड़ें बहुत गहरी जाती हैं परन्तु साथ ही इसके शिखर स्वर्ग को छूते हैं और यह मानव के सम्पूर्ण जीवन पर बरगद के वृक्ष-सा छाया हुआ है। उस एक को सृष्टि के माध्यम से ढूंढना और साथ ही अपनी प्रकृति में भी खोजना, उसको विविधता में देखना, उसको ज्ञान से खोजना, प्रेम से उसको अनुभव करना और अपने आचरण से उसको उपदेशित करना—यह कार्य है जो भारत अनेक बाधाओं, अनेक विपत्तियों के बावजूद, अपनी असफलताओं और सौभाग्य के दिनों में, समान रूप से करता रहा है।"

जो टैगोर में गैर संसारी संत देखना चाहते थे, उनके कठोर संसारी गुणों को देखकर चकित रह जाते थे। संतों से सामान्य, सन्तुलित जीवन बिताने की अपेक्षा की जाती है। सामाजिक जीवन के आदर्शों, आर्थिक व्यवसाय और सौन्दर्य के आनन्द में सन्तुलन होना चाहिए। जो इनमें से केवल एक के प्रति ही आकृष्ट है वह दरिद्र जीवन जीता है। भारतीय धर्म ग्रन्थों में जिस स्वरूप का उपयोग किया गया है, उसे सभी जानते हैं। जल कमल के पत्तों को घेरे रहता है पर वह इन्हें नहीं भिगो पाता। इसी प्रकार मनुष्य को भी इस विश्व में बिना लिप्त हुए कार्य करना चाहिए। टैगोर स्वयं सामंजस्यकारी व्यक्ति थे जिनमें चिन्तन और कर्म का सुखद समन्वय था।

'ए पोइट्स टेस्टामेण्ट' में टैगोर स्वीकार करते हैं : "मैंने अपने जीवन के सत्तर वर्ष पूरे कर लिए हैं परन्तु मैं अब भी अपने स्वभाव में चंचलता देखता हूं जो वृद्धावस्था से जुड़ी गम्भीरता के प्रतिकूल है। मैं इससे और अधिक गम्भीर नहीं हो सकता। जो मुझे घण्टियां और शंख बजाकर ऊंचे मंच पर ले जाना चाहते हैं उनसे मेरा यही कहना है कि 'मैं निम्न स्तर पर पैदा हुआ हूं···मैं एक कवि हूं और कुछ नहीं'।"

जब लोगों ने उनका जन्मोत्सव मनाया तो उन्होंने कहा : "मेरा जन्मदिन मनाकर मुझे मेरी आयु की याद मत दिलाइए। मैं इस बात में विश्वास नहीं करता कि मेरे जीवन से आयु का कोई सम्बन्ध है क्योंकि मैं हमेशा अपने जीवनदेवता के साथ चिरयौवन

अनुभव करता हूं।" तरुणाई जीवन का कोई कालखण्ड नहीं। यह मनःस्थिति है, भावनाओं का गुण है, आत्मा की प्रकृति है। कुछ वर्षों तक जीवित रहकर हम वृद्ध नहीं होते। हम वृद्ध होते हैं यदि हम अपने आदर्शों को छोड़ दें और परिवर्तन के प्रति हम हठधर्मी हो जाएं। वर्ष हमारी त्वचा पर झुर्रियां झोड़ देते हैं पर यदि हम प्रेम और निष्ठा छोड़ दें तो हमारी आत्मा में झुर्रियां पड़ जाएंगी। चाहे हम बीस वर्ष के हैं या सत्तर के, हम तब तक तरुण हैं जब तक हमारे मन में आश्चर्य है, जिज्ञासा है, जीवन की चुनौतियां हैं और हमें साहसिक कार्यों में आनन्द मिलता है। उनके कथन का अभिप्राय है कि हम उतने ही तरुण हैं, जितना हम अनुभव करें।

रवीन्द्रनाथ मानव की सर्वोपरिता पर बल देते हैं। मानव प्रकृति का एक अंग है और फिर भी वह प्रकृति को समझता है। वही एक ऐसा जीव है जहां जीवन अपने प्रति सचेत हो जाता है। उसे कल्पना, विवेक, अपने अस्तित्व, अपनी मृत्यु और अपनी सभी सीमाओं के ज्ञान का वरदान मिला हुआ है। पशु को प्रकृति के साथ अपने सम्बन्ध का जो सामंजस्य मिला हुआ है उससे मनुष्य अलग है। उसे अपने आपको दूसरों और विश्व से सम्बन्धित करके देखना चाहिए यदि वह ऐसा नहीं करता तो वह असुरक्षित अनुभव करता है।

रवीन्द्रनाथ कहते हैं : 'परमात्मा के सितार में अनेक तार हैं—कुछ लोहे के, कुछ ताम्बे के और कुछ स्वर्ण के बने हुए हैं। मानवता ईश्वरीय सितार के स्वर्ण तार से बनी है। उसकी मुक्ति, उसकी नैतिक और सौन्दर्यपरक चेतना उसे स्वर्ण-तार बनाती है।" अपनी रचनाओं के संग्रह की भूमिका में रवीन्द्रनाथ कहते हैं : "यह संसार, इसको मैंने प्रेम किया है, इसकी महानता को मैंने नमन किए हैं, इसकी स्वतन्त्रता (मुक्ति) की मैंने कामना की ही, और मैंने यह विश्वास किया है कि मानव-आत्मा सत्य है और वह सार्वभौम परमात्मा हमेशा लोगों के हृदय में निवास करता है।"

जब यह कहा जाता है कि मानव का निर्माण इतिहास से होता है तो कवि होने के नाते रवीन्द्रनाथ इसे स्वीकारने में संकोच करते हैं। सर्जक के रूप में वे अकेले हैं। वे बाह्य घटनाओं से निर्लिप्त हैं। 1927 में अपनी पुत्री को लिखे गए एक पत्र में वे कहते हैं : "हमारी आत्मा की गहराइयों में, शाश्वत शान्ति का एक स्थान है जहां हमारे शाश्वत सेवक रहते हैं जो जन्म और मृत्यु से परे हैं, संयोग और वियोग से परे हैं, संसार के लाभ-हानि से मुक्त हैं। यदि हम वहां अपने लिए थोड़ा स्थान बना लें तो हम वास्तव में अच्छा जीवन जिएंगे। सांसारिक जीवन कोई जीवन नहीं है।" केवल आत्मा सर्जक है बाकी सब सृजन के पदार्थ हैं। ये पदार्थ इतिहास से आयें या सामाजिक परिवेश से। वे मानव का सृजन नहीं करते। ईश्वर अपनी अभिव्यक्ति मानव के माध्यम से करता है। हमारे अन्दर जो आत्मा है वह हमें विवशताओं के तन्त्र से मुक्त करती है। यह स्वतंत्रता है जो जीवन को बनाने में हमारी सहायक है और इसी से हम मानव जाति की शिक्षा में आगे बढ़ते हैं। ज्ञान के सभी साधन और प्रेरणा की अनन्त गहराइयां हमें उपलब्ध हैं

ताकि हम अच्छे उद्देश्य चुन सकें और उन्हें प्राप्त करने के लिए कार्य कर सकें। हमारे अन्दर इतनी शक्ति है कि हम इतिहास की दिशा बदल सकते हैं। घटनाएं अपरिहार्य रूप से नहीं घटतीं। भौतिकवादी भी, इस सिद्धान्त में विश्वास करते हैं कि मनुष्य को निर्णय करना है जैसे कि निर्णय करना ही उसके लिए आवश्यक हो। मनुष्य के अन्दर शक्ति है कि वह अपने को परिवेश के विरुद्ध खड़ा रख सके और अपने स्वाभिमान को बनाए रखे।

ऐसे समय में जब तकनीक सर्वोपरि महत्त्वपूर्ण हो गई है, अस्तित्ववादी इससे उत्पन्न खालीपन, जीवन की निरर्थकता, चिन्ता, चेतना के बिखराव और व्यक्तित्व के दोहरेपन के प्रति विद्रोह करते हैं। डारविन का विकासवाद का सिद्धान्त और सामाजिक तथा मनोवैज्ञानिक तन्त्र में फ्राइड का अचेतन के प्रति आग्रह और प्रतिवर्ती क्रियाओं के तालमेल के सिद्धान्त-मानव को पदार्थ के स्तर पर ले आते हैं। विज्ञान के चमत्कारों को पैदा करने वाले और उसे व्यवहार में लाने वाले आविष्कारों को विज्ञान मात्र पदार्थ तक नहीं सीमित कर सकता। हमें व्यक्ति के सभी आयामों को ध्यान में रखना होगा।

प्रत्येक व्यक्ति प्रकृति की विवशताओं और इतिहास की सीमाओं से अपने को मुक्त करके अपने स्वभाव में पूर्णता लाकर मानवता के विकासवान जीवन में योगदान दे सकता है।

रवीन्द्रनाथ अन्धविश्वासों से रहित, मानव स्वतन्त्रता की सर्जनात्मकता और विवेक की सार्थकता में विश्वास रखते थे। व्यक्ति के लोप की वर्तमान प्रवृत्ति सभ्यता के भविष्य के लिए गम्भीर अपशकुन है। तानाशाहों या शासक वर्ग द्वारा शान्ति की तरह युद्ध के लिए भी मानवों को संगठित किया जाना मानव की आत्मा का हनन है। टैगोर के लिए जो भी जीवन का उन्नायक है और जीवन में वृद्धि करता है—अच्छा है और जो क्षति पहुंचाता है या उसे बाधित करता है, वही बुरा है।

'सोसाइटी एण्ड स्टेट' नामक अपने निबन्ध में टैगोर कहते हैं : "अपनी शक्ति पर अविश्वास मत करो, निश्चित रूप से मानो कि शुभ घड़ी आ पहुंची है। यह भी सत्य मानो कि भारत में कोई एकीकरण करने वाली शक्ति हमेशा क्रियाशील रही है। अपनी कठिन से कठिन परिस्थितियों में भी भारत ने कोई न कोई मार्ग ढूंढ निकाला, यही कारण है कि भारत आज भी जीवित है। मुझे इसी भारत पर विश्वास है। आज भी, इस घड़ी में भी यह भारत धीरे-धीरे और निश्चयपूर्वक अपनी प्राचीन परम्पराओं और आधुनिक समय के साथ आश्चर्यजनक संगति बिठाता चल रहा है। हममें से प्रत्येक को जागरूक होकर अपने हिस्से का कार्य करना चाहिए। प्रत्येक मोड़ पर क्रान्ति या विद्रोह की भावनाओं और मात्र नासमझी के कारण असहयोग का मार्ग नहीं ग्रहण करना चाहिए।" वे आगे कहते हैं : "हमारे अन्दर जो शक्तियां कैद हैं विदेशी दमन के कारण वे स्वयं मुक्त हो उठेंगी क्योंकि आज विश्व को निश्चित रूप से उन अमूल्य उपहारों की आवश्यकता है जो भारत के ऋषियों ने अपने तप और आत्मसंयम से अर्जित किए थे।

नियति इन उपहारों को व्यर्थ नहीं जाने देगी। यही कारण है कि पूर्णता के इस युग में ईश्वर ने हमें यातना के दर्द से खड़ा कर दिया है।" अतीत की आध्यात्मिक धरोहर को निष्क्रिय परम्पराओं से अलग समझा जाना चाहिए। अतीत की वेदी से हम केवल अग्नि ग्रहण करें और मृत रूपों (परम्पराओं) की राख को छोड़ दें। रवीन्द्रनाथ ने हमें अन्धविश्वासों के फलस्वरूप नष्ट हुए जीवनों, हृदयों के दुःख-दर्द, टूटे सम्बन्धों की अनेक कहानियां दी हैं।

यदि हम धर्म का लोप नहीं देखना चाहते तो इसमें क्रान्तिकारी परिवर्तन करने होंगे। प्राचीन अन्धविश्वास हमारे दिल-दिमाग को नहीं छूते। धर्म के जो रूप उन विशेष स्थितियों और समस्याओं के लिए अपनाए गए थे जो आज विद्यमान नहीं हैं, उन्हें बदलना होगा। हमारे सन्देहों के आयाम उससे भी गहरे हैं जितना हम समझ सकते हैं।

रवीन्द्रनाथ राष्ट्रीय जीवन के मुख थे। उन्होंने राष्ट्र-गान का सृजन किया। यह गीत सर्वप्रथम 1911 में भारतीय राष्ट्रीय कांग्रेस में गाया गया। यह उस भारत-भूमि की प्रशंसा में गाया गया जिसमें पर्वत हैं और नदियां हैं, भांति-भांति के लोग, जातियां तथा धर्म हैं जिन्हें प्यार की एक माला में पिरोया गया है। भारत-भाग्य-विधाता से इस गीत में एकता की भावोत्तेजक प्रार्थना की गई है। इस गीत के शब्द मानव हृदय में सार्वभौम के प्रति एकता की भावना पैदा करते हैं और सभी के मन को एक जीवन के साथ सामंजस्य में लाते हैं।

यद्यपि रवीन्द्रनाथ मूलतः साहित्यिक कलाकार थे तथापि जब कभी गम्भीर अन्याय सामने आये, उन्होंने आवाज उठाई। जब बुराई पनपने लगे तो यह हमारे लिए जरूरी हो जाता है कि हम आवाज उठाएं। टैगोर ने गांधीजी के साथ मिलकर राष्ट्रीय आत्मा को जागृत किया और जितना विरोध उन्होंने कायरता का किया उतना ही उन्होंने सबलों के दम्भ का किया। उनकी देश-भक्ति में कहीं भी घृणा, कटुता या उग्रता का स्थान नहीं था।

1895 में जब राजद्रोह विधेयक पास हुआ और महान् नेता तिलक बन्दी बनाए गए तो टैगोर ने सरकार की दमन नीति के विरुद्ध आवाज उठाई और तिलक के बचाव के लिए धन इकट्ठा करने में योगदान दिया।

जब 1905 में बंगाल का विभाजन हुआ तो टैगोर बहुत विचलित हुए। उस समय उन्होंने राष्ट्र-प्रेम से भरे गीतों की झड़ी लगा दी। "मानव की कोई मुक्ति नहीं, यदि तत्काल कमजोर की शक्ति न जगाई गई, क्योंकि शक्तिमान लोगों के हथियारों की कोई सीमा नहीं रही, आज कमजोर की असमर्थता की कोई सीमा नहीं, मानव समाज में एक ओर अवसरों और लाभों के अम्बार हैं तो दूसरी ओर अशक्तता सर्वोपरि है।"

जब जलियांवाला बाग में अत्याचार हुआ तो उन्होंने अपना नाइटहुड का खिताब लौटा दिया और वायसराय चेम्सफोर्ड को एक पत्र लिखा जिसके अन्तिम शब्द थे : "अब समय आ गया है जब सम्मान के तमगे विशिष्टता के उस विसंगत सन्दर्भ में

जिसमें मेरे देशवासी अपनी तथाकथित हीनता के कारण वह अपमान सह रहे हैं, जो मानवोचित नहीं है—हमारी शर्म को और उजागर करते हैं।"

गांधीजी की भांति टैगोर भी मानव की महानता का मापदण्ड उसके भौतिक साधनों को नहीं मानते अपितु उसके अन्दर के सत्य को मानते हैं जो सार्वभौम है। घृणा हिंसा से भी अधिक घातक है। यह मानवता का अपमान है। मानव की शक्ति दया और सहानुभूति में है। जब गांधीजी ने असहयोग आन्दोलन आरम्भ किया तो टैगोर ने सोचा, यह भी कोई राजनैतिक दायित्व है। वे नकारात्मकता और खोखलेपन की ओर अस्थायी रूप में भी आकृष्ट नहीं होना चाहते थे। वे असहयोग आन्दोलन के सकारात्मक पक्ष को समझना चाहते थे पर असफल रहे। "और मैं अपने से कहता हूं कि अपने देश के इतिहास के महान् संकट की इस घड़ी में यदि तुम अपने देशवासियों के साथ कदम नहीं मिला सको तो कभी यह मत कहना कि तुम सही थे और दूसरे सभी गलत हैं, सिपाही के रूप में अपना अभिनय छोड़ कवि के रूप में एक कोने में बैठे रहो, लोगों की घृणा और अपमान सहने को तैयार रहो।"

द्वितीय विश्वयुद्ध ने उन्हें बहुत अधिक विचलित किया। जब कुमारी एलीनर रथबोन ने नाजियों के विरुद्ध युद्ध में भारत की ओर से खुले समर्थन के लिए टैगोर से प्रार्थना की तो उन्होंने कहा कि भारत ऐसा कैसे कर सकता है जबकि उसका अपना कोई राजनैतिक स्वातंत्र्य नहीं है। 'क्राइसिस ऑफ सिविलाइजेशन' पर अपने सम्बोधन में, जो उन्होंने अपने मृत्यु से कुछ सप्ताह पूर्व ही लिखा था, 'टैगोर हमें उस सभ्यता के लिए आन्दोलन करने के लिए कहते हैं जिसमें शान्ति सम्भव हो सकेगी। उस बर्बरता की भावना से हमें कोई नैतिक आन्दोलन ही उबार सकता है जो हमारी सभ्यता को भ्रष्ट कर रही है और जो संघर्षों को और विध्वंसक युद्धों को जन्म दे रही है।'

अपने देश के लिए रवीन्द्रनाथ की प्रार्थना है कि : "हे ईश्वर, मेरे देश की प्रतिज्ञाएं और आशाएं, कर्म और वचन से सत्य हों।" वे अपने देश को अच्छा या बुरा नहीं कहते अपितु प्रार्थना करते हैं कि उनका देश सदैव सही मार्ग अपनाएगा।

यद्यपि उन्होंने ब्रिटिश शासन की आलोचना की और ब्रिटिश उपनिवेशवाद से देश की स्वतन्त्रता के लिए कार्य किया तथापि ब्रिटिश लोगों के प्रति उनमें घृणा की भावना नहीं थी। 1921 में श्री सी. एफ. एण्ड्रूज को लिखे गए पत्र में टैगोर लिखते हैं : "ब्रिटेन राष्ट्र से अपनी सभी शिकायतों के बावजूद मैं आपके देश को प्रेम करने के लिए विवश हूं जिसने मुझे अनेक परमप्रिय मित्र दिए हैं। मैं इस सच्चाई के कारण अत्यन्त प्रसन्न हूं क्योंकि घृणा करना एक घृणित कार्य है। सत्य यह है कि सभी देशों के सबसे अच्छे लोग आपस में प्रेम करते हैं। ईंधन अलग-अलग होते हैं लेकिन उनकी आग एक होती है। जब इस देश में मेरी दृष्टि में आग आती है तो मैं इसे इस रूप में पहचानता हूं कि यह भारत के लोगों का पथ उज्ज्वल करती है और हमारे घरों को प्रकाश देती है। हमें उस आग की कामना करनी चाहिए और यह समझना चाहिए कि जहां-जहां विलगाव

की भावना सर्वोपरि है वहां-वहां अन्धकार का राज्य है। मैं उस अग्नि से अपना दीपक महान् मानवता के लिए प्रेम के साथ जलाऊं जो आपके देश में भी प्रकट होती है।"

सभ्यता हिंसा में जीवित नहीं रह सकती। यह उस शक्ति से नहीं जानी जाती जिसका यह विकास करती है अपितु यह उस प्रेम और मानवता से जानी जाती है जिसे यह अपने में पैदा करती है। सभ्यता में जो बातें ह्रास और पतन लाती हैं वे हैं : हृदय में क्रूरता, नैतिक मूल्यों में गिरावट, मानव की गरिमा को सस्ता करना और मशीनों द्वारा मानव को दास बनाया जाना। केवल आध्यात्मिक मूल्यों को पुनः अपनाकर ही मानवता को विनाश से बचाया जा सकता है। एक रचनात्मक कार्य में लगे व्यक्ति को पूरी ऊर्जा और धैर्य के साथ कार्य करना चाहिए। मानव की महानता इस बात में है कि वह अपनी परिस्थितियों से अधिक शक्तिशाली बनने का निश्चय करे।

रवीन्द्रनाथ कहते हैं : "इन मुसलमानों का जिन्होंने प्राचीन काल से और अनेक पीढ़ियों से अपने जन्म और मरण से इस मिट्टी को अपना कहा है, उनका भी भारत के इतिहास में स्थान है।" यहां तक कि अंग्रेज भी हमारे इतिहास का अंग हैं।

"चलो पूर्व की जागृति में हम सजग होकर अपनी सभ्यता में आवश्यक और सार्वभौमिक अर्थ ढूंढने की ओर प्रेरित हों, ताकि इसके रास्ते का मलवा हटाया जा सके, इसे ठहराव के बंधन से मुक्त किया जा सके जो इसमें अशुद्धता पैदा करता है, ताकि इसे मानव की सभी जातियों के बीच विचारों के आदान-प्रदान की महान् धारा बनाया जा सके।"

रवीन्द्रनाथ के उपदेशों में कुछ ऐसा अवश्य है जो इस धरती पर नहीं है। प्रेम और त्याग के माध्यम से वे पुनरुत्थान में विश्वास करते थे। परिवर्तन से उन्हें कोई भय नहीं था। यदि सामाजिक पुनर्निर्माण को पाश्चात्य मूल्य माना जाए तो रवीन्द्रनाथ टैगोर की रचनाएं हमें यह बताती हैं कि कैसे पूर्वी आदर्शों के साथ पाश्चात्य मूल्यों का सामंजस्य स्थापित किया जा सकता है। उनके गीत गाए जाते हैं और उनकी कविताएं याद की जाती हैं। उनका स्वर हमारे युग की चेतना का स्वर था। अपनी पीढ़ी के लिए वे पथप्रदर्शक और प्रवक्ता थे। वे अपने देश और विश्व के लिए ऐसा जीवन वसीयत के रूप में दे गए जिसमें कहीं, कुछ भी छोटापन नहीं है।

सरदार वल्लभ भाई पटेल

[1875-1950 ई.]

पटेल के जीवन को हम तीन भागों में देख सकते हैं—एक क्रान्तिकारी, एक राजनेता और एक प्रशासक। स्वतंत्रता से पूर्व वे एक अनुशासित सिपाही थे जो अपने नेता महात्मा गांधी के आदेशों का पालन करते थे। जो भी कार्य उन्होंने किया महात्मा गांधी की इच्छाओं के अनुकूल किया। उस अवस्था में भी जब उनकी राय गांधीजी से भिन्न होती थी, उन्होंने अपने व्यक्तिगत विचारों को परे रखकर अपने जनरल के आदेशों को सर्वोपरि रखा। बोरसद, बारदोली और स्वतंत्रता की अनेक लड़ाइयों में उन्होंने अपने को सबसे आगे रखा। सभी जगह उन्होंने पूर्ण अनुशासन में कार्य किया। उन्होंने अपने हितों को राष्ट्र के हितों से कभी ऊपर नहीं रखा।

वे बहुत कम बोलते थे। उनमें स्पष्टवादिता, दृढ़ता और दूरदर्शिता थी। वे कृषक परिवार के थे और उन्होंने किसानों के हितों में गहरी रुचि ली। महात्मा गांधी के नेतृत्व में उन्होंने जो आन्दोलन चलाए वे संबंधित स्थानीय लोगों को एक करने के उद्देश्य से चलाए जाते थे ताकि वे संगिठत हो सकें और उनका उद्देश्य एक हो सके जिससे कि वे जाति और संप्रदाय के मतभेदों को भुलाकर एक होकर कार्य करें। यह वह कार्य है जो आज भी किया जाना शेष है।

उनके कार्य का सबसे महत्त्वपूर्ण भाग राजनेता के रूप में था। स्वतंत्रता की प्राप्ति के तत्काल बाद, दो वर्षों में उन्होंने अपनी सूझबूझ और लोगों को समझाने की शक्ति से 500 छोटे-छोटे राज्यों को भारत के संघ में मिला दिया। जैसा कि प्रधानमंत्री नेहरू ने कहा था—पटेल भारतीय एकता के संस्थापक थे। समझाने की अपनी शक्ति, राजनयिक दक्षता और राजनैतिक चातुर्य से वह देश में प्रशासनिक एकता लाने में सफल हुए जो सबल भारत के निर्माण के लिए आवश्यक आधार है। प्रशासनिक एकता को भावात्मक एकता और राष्ट्रीय संगठन में परिवर्तित होना चाहिए। हम कुछ वर्षों से इसी दिशा में प्रयत्नशील हैं।

इस प्रकार की एकता के बिना यह देश कैसा रहा होता उसकी कल्पना करना भी

कठिन है। इस एकता के बाद आज भी हम एकीकरण और भाईचारे के लिए कह रहे हैं। प्रांतों को देखिए। देश के विभिन्न भागों को देखिए—जहां साम्प्रदायिक भेदभाव और जातिगत तीव्र घृणा अब भी हमारे सार्वजनिक जीवन पर छाए हुए हैं। कम्मा और रेडी, लिंगायत और वोकलीगर, कायस्थ और राजपूत जैसे भेदभाव आज भी मौजूद हैं। आज जिस बात की सबसे अधिक आवश्यकता है वह अपने देश के पूर्ण एकीकरण की है। हम इस जाति या उस धर्म के हो सकते हैं पर इसे व्यक्ति की नितांत गौण बात और निजी मामला मानना चाहिए। इसे सार्वजनिक जीवन में नहीं आने देना चाहिए। हाल में हम इन बातों को जो अतिरिक्त महत्त्व देने लगे हैं, उनसे हमारे इतिहास को धक्का लगा है। सबसे पहले और सबसे ऊपर हमें अपने को भारतीय मानना चाहिए। पूर्व में भी जिन देशों ने सबसे अधिक प्रगति की है वे चीन और जापान हैं। वहां मुसलमान हैं, ईसाई हैं और बौद्ध भी हैं, परंतु जब देश के हितों का प्रश्न आता है तो कोई भी इन बातों की ओर नहीं देखता। प्रत्येक अपने आपको चीनी या जापानी के रूप में देखता है। यहां हमारे देश में हम अब भी अपने को इस समुदाय या उस जाति का मानते हैं और ये ही अंतर हमारे सामाजिक ढांचे पर हावी होकर उसे कमजोर और दूषित करते हैं।

अतः यह आवश्यक है कि राज्यों का जो एकीकरण सरदार पटेल ने आरम्भ किया था वह तब तक जारी रहना चाहिए जब तक कि हम सब यह अनुभव न करें कि हम एक राष्ट्र के हैं। यह एक ऐसा एकीकरण है जो आज भी हमारा उद्देश्य है।

इस संबंध में सरदार पटेल की उपलब्धि के बारे में लंदन के एक दैनिक की टिप्पणी याद आती है;—"यह सरदार पटेल की एक ऐतिहासिक उपलब्धि है जिसकी तुलना अधिक नहीं तो कम से कम बिस्मार्क से की जा सकती है।" जब उनकी मृत्यु हुई तो लंदन टाइम्स ने यही उनके बारे में कहा।

वे एक साहसी देशभक्त और प्रशासन में महान सूझबूझ वाले व्यक्ति थे। मुझे याद है कि उस समय हमारे तीन महान नेता तीन विभिन्न नगर महापालिकाओं के (या निगमों के जैसा कि इन्हें आज जाना जाता है) एक ही समय में अध्यक्ष थे। राजेन्द्र बाबू पटना नगरपालिका के अध्यक्ष थे, हमारे प्रधानमंत्री (नेहरू) इलाहाबाद नगरपालिका के और सरदार पटेल अहमदाबाद नगरपालिका के अध्यक्ष थे। उनकी निस्वार्थ सेवाएं और उनकी संगठन-क्षमता सभी लोगों को ज्ञात थी। अब हमने यह प्रशासनिक एकता प्राप्त कर ली है। यदि हम अपने देश को प्रथम वर्ग की शक्ति बनाना चाहते हैं और द्वितीय या तृतीय वर्ग में नहीं देखना चाहते तो हमें कुछ अधिक करने की आवश्यकता है। इसके लिए हमें अपने मतभेदों को भुलाकर, देश में पूर्ण संगठन और एकता लानी होगी। हमें अपने सामने मानवता के जीवंत अंश के रूप में महान भारत के विचार को रखना होगा। स्वतंत्रता के लिए प्रण में कहा गया था कि ब्रिटिश शासकों ने हमारे ऊपर चहुंमुखी तबाही ढाई : राजनैतिक, आर्थिक, सांस्कृतिक और आध्यात्मिक। अब जब हमने अपने देश का नियंत्रण संभाल लिया है, अब हमें इन चारों को दूर करना होगा।

प्रशासक के रूप में, जब गुजरात में बाढ़ आई, उन्होंने बारदौली आन्दोलन संगठित किया। उन्होंने उन सभी क्षेत्रों में जहां-जहां कार्य किया, अपनी संगठन क्षमता दिखलाई। वे अहमदाबाद नगरपालिका के अध्यक्ष थे और उन्होंने उसे आधुनिकतम बनाया। उस समय लोग सार्वजनिक धन के गबन और अपव्यय की बात नहीं करते थे। उस समय सभी को यह पूर्ण विश्वास होता था कि जो भी धन एकत्र किया गया है वह उस काम पर व्यय होगा जिसके लिए वह एकत्र किया गया है। आज चारों ओर भ्रष्टाचार की काफी चर्चा रहती है। यह सच हो या न हो। पर यह बात हमारे आम चरित्र और योग्यता को उजागर करती है। अतः आज प्रशासक के नाते हमें यह सुनिश्चित करना चाहिए कि हम इस प्रकार की आलोचना की कोई गुंजायश न छोड़े। हमारे जैसे विशाल देश के प्रशासन को जो लोग चला रहे हैं, उनमें देशहित के लिए आवश्यकता पड़ने पर अपने जीवन को खतरे में डालने की भावना होनी चाहिए। उन्हें समाज की सनक और दबावों के आगे झुककर पाप-कर्म का भागीदार नहीं बनना चाहिए। यह अत्यंत आवश्यक है।

आर्थिक स्तर को ऊंचा उठाना होगा। जब तक हम गरीबी के राक्षस को, जो अंततः जातिगत और संप्रदायगत मतभेदों के कारण है, नहीं मिटाते और जब तक हम भूख, बेरोजगारी और बीमारी को नहीं कम कर पाते तब तक हम अपने लोगों के जीवन-स्तर को ऊंचा नहीं उठा पाएंगे। इसलिए हमारी सभी मुसीबतों—जाति-धर्म के मतभेद, ऊंच-नीच, छूत-अछूत के भेदों—का मूल कारण अंततः बेहद गरीबी में ढूंढा जा सकता है जिसमें हमारे अधिकांश लोग पड़े हुए हैं। यदि हम अपने लोगों के जीवन-स्तर को ऊंचा उठाने में सफल हो सकें तो हमारी ये मुसीबतें नहीं रहेंगी। न केवल जीवन-स्तर उठाना आवश्यक है अपितु प्रत्येक व्यक्ति इस देश के उत्थान में महत्त्वपूर्ण है। हमारे लोग देश की मूल्यवान संपदा हैं और जब तक हम उन्हें किसी न किसी प्रकार का सांस्कृतिक दृष्टिकोण नहीं देते और इस महान राष्ट्र के प्रति, जिसकी महान परंपराएं हैं, कोई अपनत्व की भावना नहीं दे पाते तो हमारी शिक्षा किसी भी अर्थ में पूर्ण नहीं कहलाएगी।

लोग सामान्यतः यह कहते हैं कि वे धर्म में विश्वास नहीं करते। धर्म के संबंध में संदेह की भावना है। जहां तक हमारे नैतिक आचरण का प्रश्न है, मार्गदर्शन का अभाव है और मूल्यों के प्रति कोई भावना नहीं है। धर्म कोई अलग वस्तु या अंतराल नहीं है। यह हमारे अस्तित्व का सबसे आंतरिक अंग है। यदि हम अपने जीवन को गंभीरता से जी रहे हैं तो अपनी समस्त क्रियाओं से हम धार्मिक हैं अनंत या सर्वोपरि सत्ता हमारे अस्तित्व का गहनतम अंग है। हमें अपने कार्य सतही स्तर पर नहीं अपितु अंतिम गहराइयों के साथ करना चाहिए। अंदर से जीवन वस्तुतः धार्मिक है। यदि आप अपने बच्चों को इस प्रकार का दृष्टिकोण दे पाते हैं तो वे आधुनिक जगत् के कुतर्कों और संदेहों के बहाव में नहीं आयेंगे। हम सभी वस्तुतः अंदर से, सत्यता से, और अपनी

प्रकृति से धार्मिक हो जाएंगे।

प्रजातंत्र की रक्षा और नैतिक मूल्यों की रक्षा जिनसे प्रजातंत्र जुड़ा हुआ है; लोगों के जीवन-स्तर को ऊपर उठाना; और अपने युवक और युवतियों को सही सांस्कृतिक दृष्टिकोण प्रदान करना और अपने पड़ोसियों से अपने संबंधों में गहराई लाना—यह हमारा उद्देश्य है। यह मेरी हार्दिक आशा है कि देश को इस प्रकार की दिशा मिले।

सरदार पटेल का जीवन हमें आधुनिक भारत के महान निर्माताओं के आत्मत्याग की याद दिलाता है। उनकी कर्तव्यनिष्ठा, अनुशासन, आज्ञापालन, उनका साहस और अपने प्राण उत्सर्ग करने की उनकी तत्परता—ये कुछ उनके गुण हैं जिनको आदर्श मानकर हमें सीखना चाहिए।

स्वतंत्रता-प्राप्ति से पूर्व तथा बाद में वे हमारे हाल के इतिहास की धुरी थे।

स्वतंत्रता के लिए संघर्ष के दिनों में वे महात्मा गांधी के विश्वसनीय लेफ्टीनेंट थे। गांधीजी का प्रत्येक शब्द उनके लिए कानून था और उनके मार्गदर्शन में उन्होंने बोरसद और बारदोली में सिविल असहयोग आन्दोलन चलाए। उन्होंने किसानों से कहा कि वे अपनी भूमि के मामलों को इंग्लैंड ले जाने को चुनौती दें। एक उचित नेतृत्व में बारदोली का आन्दोलन भारतीय किसानों की शक्ति का प्रतीक बन गया। बारदोली में उनके कार्य को देखकर गांधीजी ने कहा था—"बल्लभ भाई को अपने बल्लभ देव बारदोली में मिल गए।"

राज्यों को पुनर्गठित करने और 500 के लगभग राज्यों को केंद्रीय सरकार के ढांचे में लाने के काम की चर्चा पहले की जा चुकी है। पटेल यह अनुभव करते थे कि देश की राजनैतिक स्थिरता इसकी एकता से जुड़ी हुई है। यह काम कितने सुचारू रूप से चला उसका दृष्टांत यह है कि महाराजा ग्वालियर ने जो उनके पुनर्गठन के इस निर्णय से प्रभावित हुए थे—स्वयं सरदार पटेल की दूरदर्शिता और कार्य की सराहना की। कोई भी व्यक्ति जो इस देश में विखंडन की प्रवृत्तियों को प्रोत्साहित करता है, वह देश का मित्र नहीं है। हमें ऐसी सामाजिक एकता विकसित करनी चाहिए जो भाईचारे, जाति और धर्म के बंधनों से परे हो।

पटेल अपने विचारों को सफलतापूर्वक कार्यान्वित करते थे क्योंकि किसी भी समिति में वे सभी लोगों पर—चाहे वे खुले दिमाग से बात करें या बंद दिमाग से—छा जाते थे। वे हमेशा यह जानते थे कि उन्हें क्या करना है और वही वे करते थे। दृढ़ता और दृढ़ निश्चय उनकी विशेषताएं थीं।

वे क्रोधित होते थे लेकिन उन्होंने शायद ही कभी अपना मानसिक संतुलन खोया हो। वे दंभी नहीं थे। उनमें कोई अपनी सनक नहीं थी या परंपरागत पूर्वाग्रह नहीं थे। उनमें अतीत से अटूट लगाव था, और इसमें भी जो प्रबल है और जीवित रहने की क्षमता रखता है उसकी वे सराहना करते थे। जीवन को अतीत के परिवेश में समझना चाहिए और भविष्य की ओर जीना चाहिए। हमें अतीत से चिपके नहीं रहना चाहिए। राजनीति

में और जीवन में भी हमें अतीत को लेकर दुखी नहीं होना चाहिए।

क्रांतियां सामान्यतः अपने पीछे कुंठा और मोहभंग के पदचिह्न छोड़ जाती हैं। अपने संघर्ष के उत्साह में हम बड़े-बड़े आदर्शों की घोषणा करते हैं और बड़ी-बड़ी आशाएं लगा लेते हैं। जब संघर्ष खत्म हो जाता है तो हम वास्तविकता के कठोर धरातल पर आते हैं और इन आदर्शों को अपनाने के प्रयत्नों में हमें समझौता करना पड़ता है, पीछे हटना पड़ता है जिससे हमारी उपलब्धियों की पवित्रता धूमिल हो जाती है। यहां तक कि बड़ी-बड़ी क्रांतियों को भी दक्षिणपंथियों से, क्रांति में परास्त पक्षों, और वामपंथियों और किसी समय के समर्थकों से आलोचना का सामना करना पड़ता है और कहा जाता है कि सिद्धांतों को छोड़ दिया गया। आवश्यक यह है कि आदर्शों से हम जुड़े रहें और क्रांति के मूल सिद्धांतों को न छोड़ें।

हममें से कुछ लोग अपने को सहज रूप में अच्छा मानते हैं पर परिस्थितियोंवश वे असफल रहते हैं। हमें अपनी आंतरिक कमियों को जान लेना चाहिए और समय पर उनका निराकरण कर लेना चाहिए। कोई बाहर का देश किसी भी राष्ट्र का अधःपतन नहीं कर सकता। इसके अधःपतन का कारण वह स्वयं होता है। हम यह सुनिश्चित करने का यत्न करें कि अपने कार्यों में हम जो आचरण करें वह उन महान नेताओं के अनुकूल हो जिन्होंने जनसेवा को अन्य सभी बातों से ऊपर रखा।

सरकार करोड़ों लोगों के लिए है और नेताओं को चाहिए कि वे आम आदमी की जरूरतों तथा आकांक्षाओं, भय और आशंकाओं से परिचित रहें। लोगों के मस्तिष्क और आत्मा से अप्राकृतिक अलगाव में रहना उनके लिए असंभव है। अनुशासित आज्ञाकारिता के माध्यम से सरदार पटेल ने स्वतंत्रता का उदाहरण सामने रखा। सेवा और त्याग के द्वारा स्वतंत्रता निरंतर पुनः अर्जित करती रहनी होती है।

सरदार पटेल के रूप में हमारे पास एक साहसी क्रांतिकारी, विद्वान राजनेता और आदर्श प्रशासक था। यदि हम सरदार बल्लभ भाई पटेल के इन गुणों को याद रखें तो देश निरंतर प्रगति करेगा। मुझे आशा है कि उनके ये गुण हमें भविष्य में प्रेरणा देते रहेंगे।

डॉ० राजेन्द्र प्रसाद

[1884-1963]

यह अपने देश का सौभाग्य है कि गणराज्य के निर्माण की कठिन अवधि में और गणराज्य बनने के तुरंत बाद डा० राजेन्द्र प्रसाद राष्ट्रपति के पद के लिए चुने गए और उन्होंने बारह वर्षों से भी अधिक समय तक देश को भविष्य का मार्ग दिखाया। भारतीय संस्कृति में जो सर्वोत्कृष्ट है वे उसका मूर्त रूप थे। हमारी उपलब्धियों के शिखर वर्ष सेवा, त्याग और बलिदान के वर्ष हैं। राष्ट्रीय आन्दोलन में प्रवेश से लेकर जीवन के अंतिम दिन तक उनका समस्त जीवन देश-सेवा को समर्पित था।

यह सच है कि उन्होंने अन्य अनेक गतिविधियों में भी भाग लिया। परंतु यहां हम उनके संविधान बनाने के काम की और मानवी भाई-चारे के लिए जो सेवाएं प्रदान कीं—उनकी ही चर्चा करेंगे। दिल्ली में जो उनका अन्तिम संबोधन था वह परमाणु-विरोधी सम्मेलन में था। गांधीजी के सच्चे शिष्य के रूप में, उन्होंने हमेशा इस बात पर बल दिया कि हम सभी प्रकार की हिंसा से बचें, हम सभी राष्ट्रों के बीच शांति और मित्रता स्थापित करने के लिए संघर्ष करें और उन्होंने एकपक्षीय परमाणु निरस्त्रीकरण के लिए प्रस्ताव तैयार किया। यद्यपि जब उन्होंने इसे तैयार किया था तब यह अव्यावहारिक लगता था। तथापि यह एक आदर्श है जिसकी ओर समस्त विश्व आज देख रहा है।

यह उनके जीवन-काल की ही बात है कि परमाणु अस्त्र विकसित हुए। इससे पूर्व भी अन्य तरीके थे, युद्ध होते थे, हिंसक संघर्ष आदि होते थे। परंतु जब ये होते थे तब भी हम जीवित रहते थे क्योंकि ये विश्व के कुछ भागों को ही प्रभावित करते थे—संपूर्ण विश्व को नहीं। परमाणु और परमाणु-युद्ध का मतलब है कि हम जिन सभ्य मूल्यों के पक्षधर हैं, उनका विनाश। अतीत के तरीके वर्तमान पर नहीं लागू किए जा सकते। इसलिए, चाहे हम उनके द्वारा दिए गए सुझावों को अव्यावहारिक मान लें तथापि वे ही सुझाव आज मानवता को स्थिरता, सुदृढ़ता और संतुलन प्रदान कर सकते हैं।

हम केवल परमाणु निरस्त्रीकरण की मांग नहीं कर सकते। हमें उन कारणों को भी

समाप्त करना होगा जो युद्ध का कारण बनते हैं। राष्ट्रों के मध्य परस्पर भय, अविश्वास, वैरभाव और असुरक्षा की भावना ही युद्ध के कारण हैं। यदि हम इस विश्व में एक शांतिप्रिय राष्ट्र के रूप में जीवित रहना चाहते हैं तो इन कारणों को दूर करना पड़ेगा। मनुष्य को यह अनुभव करना चाहिए कि समस्त मानवता एक है, भले ही उसमें जातिगत, सम्प्रदायगत और वर्ग-भेद हैं। उन्हें अपने सोच के क्षितिज को व्यापक करना होगा, ज्ञान में वृद्धि करनी होगी, सभ्य जीवन जीना होगा; और यह अनुभव करना होगा कि जब विश्व का कोई व्यक्ति या देश कष्ट उठाता है तो सभी कष्ट उठाते हैं।

गांधीजी के निष्ठावान शिष्य के नाते डा० राजेन्द्रप्रसाद मानवीय भाई-चारे की बात करते थे। हमारे संविधान की अनेक बातों में से यह भी—एक बात है। राजनैतिक न्याय और स्वतंत्रता, भ्रातृत्व और परस्पर मेल हमारे उद्देश्य हैं। हमारे संविधान के ये उल्लेखनीय ध्येय हैं। जब तक हम एक-एक कदम इन उद्देश्यों की ओर नहीं बढ़ते, इन्हें हासिल नहीं किया जा सकता। हम जो कर रहे हैं उनमें से अनेक व्यावहारिक दृष्टि से आज उतावलेपन के काम लग सकते हैं, पर अंततोगत्वा आरंभिक कदम ही असंभव होते हैं और असम्भव को सम्भव बनाने से ही इस विश्व में हम शांति और मित्रता से रह सकते हैं।

यही राजेन बाबू का आदर्श था और दिल्ली की जनता को, देश को और कुल मिलाकर विश्व को अपने अंतिम संदेश में उन्होंने एकपक्षीय परमाणु निरस्त्रीकरण के लिए कहा था। इसका अभिप्राय यह नहीं कि यह लक्ष्य कल या परसों हासिल हो जाएगा पर उन्हें ये निश्चित रूप से मालूम था कि यदि इस संसार को एक सुखी परिवार बनाना है, यदि लोग शांति और मित्रतापूर्वक रहना चाहते हैं तो एक यही रास्ता है। हम एक दूसरे से घृणा करना बंद कर दें, हम शत्रुता को छोड़ दें और उसके स्थान पर एक दूसरे से प्रेम करें और एक दूसरे को समझने की कोशिश करें। यही आदर्श था जो वे पूरे मन से चाहते थे कि इसका पालन हो। तभी उन्होंने यह जानते हुए भी कि श्रोताओं में अनेक लोग इसकी व्यावहारिकता को स्वीकार नहीं करेंगे इसका प्रस्ताव रखा।

अंत में मैं यही कहना चाहूंगा कि वे गांधीजी के निष्ठावान शिष्य थे। वे प्रजातंत्र में विश्वास रखते थे और उनका विचार था कि प्रजातंत्र प्रगतिशील तंत्र है। प्रजातंत्र के रूप में आज जो हमें दिखाई दे रहा है वह संतोषजनक नहीं माना जा सकता। प्रजातंत्र निरंतर आगे बढ़ता है, अगर यह आगे नहीं बढ़ता तो वह प्रजातंत्र नहीं है। यह निरंतर आगे बढ़ते रहना चाहिए जब तक कि यह समस्त विश्व में न व्यापक हो जाए और संसार के संपूर्ण समुदाय को प्रसन्नता न प्रदान करे।

आचार्य श्री तुलसी

[1912 –]

आचार्य श्री तुलसी विगत पच्चीस वर्षों से तेरापंथ सम्प्रदाय के प्रमुख रहे हैं। इस पंथ में बड़ी संख्या में साधु और लाखों मनुष्य हैं। आचार्य तुलसी को वे सब जो महान सम्मान देते हैं वह उनके श्रेष्ठ व्यक्तित्व का प्रतीक है।

भारतीय जन-समुदाय पर आचार्य तुलसी का प्रभाव उनके द्वारा आरम्भ किए गए अणुव्रत आन्दोलन के कारण है। देश में यह आम धारणा है कि जहां एक ओर हम भौतिक प्रगति की ओर अधिक ध्यान दे रहे हैं और इस दिशा में पर्याप्त कार्य कर रहे हैं वहीं दूसरी ओर हम वास्तविक प्रगति के मानवीय पक्ष की अवहेलना कर रहे हैं। एक सभ्य मानव को लालच, कामवासना, अहंकार और आडम्बरपूर्ण आचरण से मुक्त होना चाहिए। यदि सदाचार का तंतु क्षीण हो जाता है और हृदय में मिर्ममता आ जाती है तो सभ्यताएं अधःपतन की ओर जाती हैं। मानव रोबो या मशीनी यंत्र होता जा रहा है और अपनी बुद्धि का प्रयोग न करके अपने उत्तरदायित्व को ध्यान में न रखकर भौतिक कल्याण के सिवाय किसी बात की चिंता नहीं कर रहा है। हम स्वतंत्रता के स्थान पर आराम को स्थान दे रहे हैं और हमारे राजनेता अपने किसी निजी दृष्टिकोण को मनवाने के लिए या अपनी इच्छाएं पूरी करने के लिए सीधी कार्यवाही का सहारा ले रहे हैं। यह दुर्भाग्यपूर्ण है और इस बढ़ती हुई अनुशासनहीनता, बेईमानी और अहंकार के निवारण के लिए 1 मार्च, 1949 को अणुव्रत आन्दोलन का आरम्भ किया गया। इसमें सदाचार के सिद्धांतों को कठोरतापूर्वक पालन करने की आवश्यकता होती है। इसका उद्देश्य आचरण और आध्यात्मिक मूल्यों की शिक्षा देना है।

हम यह नहीं कह सकते कि इस आन्दोलन के फलस्वरूप इन बातों में कोई उल्लेखनीय सुधार हुआ है। जन-भावना, वाणिज्यिक ईमानदारी, व्यक्तिगत सदाचार, सुखी पारिवारिक जीवन, शांतिपूर्ण व्यवहार—ये सब विकसित करने की आवश्यकता होती है। इनके विषय में बोलते रहने से ही इन्हें प्राप्त नहीं किया जा सकता। इन्हें जिस प्रकार लाया जा सकता है उसका एक ही मार्ग है और वह यह है कि हम अपनी नई

पीढ़ी को अपनी संस्कृति के मूल तत्वों की शिक्षा दें। इन्हें संक्षेप में इन तीन शब्दों में रखा जा सकता है—अभय, अहिंसा, आसंग—जो सभी प्रकार के धर्मों में विद्यमान हैं।

अभय—हम जिस संसार में रह रहे हैं, वह दुःखों से भरा हुआ है : लोकम् शोक हतम् च समस्तानि—रोग, जरा, मृत्यु—उपनिषदें इस प्रश्न को उठाती हैं और पूछती हैं—क्या इनसे बचने का उपाय है और विश्वासपूर्वक कहती हैं कि इनसे बचने का उपाय है। बुद्ध भी इसी प्रकार से कहते हैं और यही ईसाई धर्म में भी है। गीता में दृढ़तापूर्वक कहा गया है—अनित्यं असुखम् लोकं—और कहा गया है कि हम ईश्वरोपासना के द्वारा इनसे छुटकारा पा सकते हैं। इस प्रकार हम अंतिम सत्य तक पहुंच जाते हैं। ब्रह्म-जिज्ञासा का अर्थ है—ज्ञान से प्रेम। भय से मुक्ति का एक ही मार्ग है और वह है—यह विश्वास कि कोई सत्ता है जो हमें काल के संसार से मुक्त करती है, कोई कालातीत शक्ति, उपनिषदें कहती हैं : आनन्दं ब्रह्मणो विद्वान् न बिभेति कदाचन्। गीता का रचयिता कहता है : मा शुचः—भयभीत मत हो। बुद्ध कहते हैं कि यदि हम नीति के मार्ग पर चलते हैं तो दुःखों का अंत हो जाएगा।

मात्र इसलिए कि हम भयभीत हैं यह अर्थ नहीं निकलता कि कोई है जो भय दूर करता है। मात्र इसलिए कि हम भूखे हैं, यह आशय नहीं कि खाना है और हमारी भूख शांत हो जाएगी। भावातीत सत्य की मान्यता इच्छाजन्य धारणा हो सकती है। अतः यह तर्क दिया गया है कि हमें विश्व का सत्यपरक सर्वेक्षण करना चाहिए और कार्य-कारण के सिद्धांत पर उस सत्ता की सत्यता—जो कालातीत और भावातीत है—स्थापित करना चाहिए। ब्रह्म विश्वव्यापी है।

मात्र इच्छा या तार्किक निष्कर्ष भी पर्याप्त नहीं है। हमें उससे साक्षात्कार करना चाहिए। सर्वोपरि सत्ता के साथ व्यक्तिगत अनुभव होना चाहिए। निष्ठा का अर्थ विश्वास नहीं है अपितु आत्मा की एक अवस्था है। सभी धर्म-तंत्र इसमें विश्वास करते हैं। बुद्ध की बोधि, जैन संप्रदाय का केवल ज्ञान, समयोग दर्शन या समाकलित अन्तर्दृष्टि, गीता का ब्रह्मसंस्पर्श रहस्य, ईसाइयों का सत्य जो सभी भय दूर करता है—ये सब व्यक्तिगत अनुभव पर आधारित हैं।

भारतीय चिंतन-धारा की विशेषता यह है कि हमारे यहां सत्य की अन्तर्दृष्टि का अभिप्राय है, अपने में उस ईश्वर को खोजना। छान्दोग्य उपनिषद् में कहा गया है यह समस्त संसार जिसकी महिमा से चल रहा है वह सत्य (ईश्वर) हम सबमें है। एतद् आत्मायाम् इद्म सर्वं तत् सत्यम् स आत्मा तत्वमसि। बुद्ध का चिंतन उस सर्वोपरि को जानने का यत्न है। जैन धर्म इस बात में विश्वास करता है कि प्रत्येक कर्मों की काया से पीछे प्रत्येक आत्मा में अनन्त ज्ञान, अनन्त शक्ति और अनन्त आनन्द है। अंतिम ज्ञान ही इसका वास्तविक धन है। कार्मिक शरीर से उत्पन्न अज्ञान के कारण यह ढका हुआ है। जब तक जीव कर्म-बंधनों में रहता है उसे मात्र सीमित ज्ञान प्राप्त होता है पर जैसे ही ज्ञान के मार्ग की बाधाएं हटाई जाती हैं अनन्त ज्ञान पैदा हो जाता है और आत्मा की

सच्ची प्रकृति प्रकट हो जाती है। ये बाधाएं कामनाएं और वासनाएं हैं।

पूर्णता प्राप्त आत्मा सिद्ध हो जाती है। यह एक अवस्थाहीन स्थिति है, निष्काम शांति है जो वासनाओं और कर्म से मुक्त है। अर्हत (ज्ञान-प्राप्त व्यक्ति) अन्तिम मुक्ति की अवस्था में नहीं पहुंचा है अपितु इस संसार में इसके लिए करुणा का आचरण करता है। फिर हमारे गुरु भी तो साधारण मानव हैं।

इससे सभी धर्मों के प्रति सद्‌भावना उत्पन्न होती है।

अजोऽपि सन्न अव्ययात्मा भूतानाम् ईश्वरोऽपि
सन प्रकृतिम् स्वम् अधिष्ठाय सम्भवामि आत्ममायया।

यद्यपि मैं अजन्मा हूं, मैं अविनाशी हूं, यद्यपि मैं समस्त सृष्टि का कर्ता हूं तथापि मैं स्वयं अपनी प्रकृति में स्थापित होता हूं, मैं अपनी शक्ति से सत्य रूप में प्रकट होता हूं। श्याद्वद की मान्यता है कि अनुभव का सत्य वाणी का सत्य या तर्क का सत्य नहीं है। उस परमात्मा को दिए गए नामों के या उसकी पूजा की विधियों के बारे में हमें आपस में नहीं लड़ना चाहिए। महत्वाकांक्षा के पंखों पर मनुष्य भूमि से स्वर्ग की ओर, अज्ञान से ज्ञान की ओर, अंधकार से प्रकाश की ओर जाता है। इस आकांक्षा के बिना मनुष्य नितान्त पशु रहता है—वासनालिप्त, अंधकार में डूबा हुआ।

अहिंसा—यदि हम यह मानते हैं कि प्रत्येक व्यक्ति में परमात्मा का निवास है तो दूसरों के प्रति हमारा व्यवहार अहिंसा पूर्ण होना चाहिए। अहिंसा का अभिप्राय वैर-त्याग है—अर्थात् घृणा का परित्याग। प्रश्न यह नहीं है कि वे सभी जो भय-मुक्त हो गए हैं, जिन्हें अभय प्राप्त हो गया है, इस संसार में प्रेम और करुणा की भावना से कार्य करेंगे। प्रेम सभ्य जीवन का आधार है। हमारे सभी दुःखों की जड़ में हमारी स्वार्थ भावना है। वासना या लालच का परिणाम दुःख है। जब तक हम अपनी स्वार्थभावना को नियंत्रित नहीं करते हमारा जीवन दुःखमय और अंत दुःख में होगा। मारण का अर्थ मृत्यु नहीं है। वासनाओं या तृष्णा ही जीवन को निम्न और दयनीय बना देती है, इसलिए वासनाओं का लोप ही मारण है। यह आत्मा की निर्मलता है। बुद्ध कहते हैं कि जिनके पास नहीं है उन्हें बिना संकोच दो। त्याग का मार्ग ही श्रेष्ठ है। बाहरी वस्त्रों के त्याग से नहीं, बाहरी ऐश्वर्य के त्याग से नहीं, कुछ प्रकार के भोजन को छोड़कर नहीं अपितु अभिमान की भावना के त्याग, धन की लिप्सा के त्याग, भोग-लिप्सा के त्याग, घृणा के त्याग, ईर्ष्या के त्याग और स्वार्थ के त्याग से ही हृदय की स्वच्छता आती है। भोग-लोलुप व्यक्ति दूसरों को ठीक करना चाहता है पर ज्ञान-पिपासु अपने को ठीक करना चाहता है। स्वयं पर विजय का अर्थ है स्वयं की मुक्ति। जैन धर्म के त्रिरत्न हैं : सत्य निष्ठा, सत्य ज्ञान और सदाचार। जैन धर्म के पंचशील हैं : अहिंसा, सत्य, अस्तेय, ब्रह्मचर्य और अपरिग्रह और बुद्ध धर्म के भी लगभग ये ही हैं : अहिंसा, सत्यवचन, ब्रह्मचर्य, अपरिग्रह और सुरापान निषेध।

असंग—जब इस संसार में हम कर्म करते हैं तो हम उसे निष्काम भाव से बिना

परिणाम पाने की इच्छा के करते हैं। योगस्थः कुरु कर्माणि संगम् त्यक्तवा धनञ्जय। और फिर गता संगस्य मुक्तस्य। मुक्त का अर्थ है संग से रहित। हम निर्लिप्त हैं पर संसार से विमुख नहीं।

यदि हम अध्यात्मिक जीवन के इन मूल तत्वों को प्रसारित कर सकें (अर्थात् भय से मुक्ति, प्रेम और संसार से निर्लिप्त भाव) तो हम मानव मात्र का आचरण सुधार सकेंगे। अणुव्रत संघ जो आचार्य तुलसीजी ने स्थापित किया, इसी दिशा में कार्यरत है और इस प्रकार इसका उद्देश्य मानव के नैतिक आचरण में सुधार और उसके द्वारा अंततोगत्वा समाज में सुधार करने का है।

एक सच्चे प्रजातंत्र का लक्ष्य सदाचारी व्यक्तित्व का विकास करना है। प्रजातंत्र में राजनैतिक शक्ति प्रेस और विभिन्न मंचों के माध्यम से जन-जन से अपील करके प्राप्त की जाती है। दूसरी ओर नैतिक शक्ति सदाचारी व्यक्ति में स्वअर्जित रूप में रहती है। हमेशा यही अंतर राजा और पैगम्बर में है, राम और वशिष्ठ में, राजनैतिक और सदाचारी की शक्ति में रहता है। हॉब्स के शब्दों में : "शक्ति की आकांक्षा 'स्थायी और अशांत इच्छा है', इसका अंत तो मृत्यु के समय ही होता है।"

शक्ति की आकांक्षा का अंत गुलामी में होता है। यह आकांक्षा समाज का प्रयोग व्यक्तिगत लालच के लिए करती है। अध्यात्मवेत्ता आत्मा और आत्मा के स्वास्थ्य की बात करते हैं। वे ऐसे उपदेश देते हैं जिनसे हम प्रेरित होते हैं, उत्साहित होते हैं और जागृत होते हैं। वे ज्ञान के पदार्थ नहीं हैं पर ज्ञान के प्रेरक हैं। उनके विचार समझ से परे किंतु सही संकेत देते हैं। हमें अपने सभी कार्यों को करते हुए ये सब याद रखना चाहिए।

मौलाना अबुल कलाम आजाद

[1888-1958 ई.]

मौलाना अबुल कलाम महान साहसी, निडर, ईमानदार और स्वतंत्रता प्रेमी व्यक्ति थे, लगभग दो पीढ़ियों तक वे हमारे राजनैतिक जीवन के अद्वितीय व्यक्ति रहे। 1920 में कांग्रेस में शामिल होने से पूर्व भी वे क्रांतिकारी थे। उनकी राजनैतिक बुद्धिमत्ता, देशभक्ति और त्यागयुक्त सेवाओं को शीघ्र ही मान्यता मिली और वे 1923 में भारतीय राष्ट्रीय कांग्रेस के अध्यक्ष बनाए गए। यह ऐसा पद था जिस पर वे अनेक वर्षों तक रहे और विभिन्न कठिन स्थितियों में संभाले रहे। दूरदर्शी राजनेता, सच्चे देशभक्त और महान बुद्धिजीवी के रूप में देश को प्रदान की गई उनकी सेवाओं का मूल्यांकन नहीं किया जा सकता। अपनी मान्यताओं के लिए उन्हें कष्ट झेलने पड़े पर उन्होंने अपने स्पष्ट विचार व्यक्त करने के दायित्व से जी नहीं चुराया। नेता के गुणों में से एक गुण उनमें यह था कि वे लोकप्रियता खोने के भय से अपने विचार व्यक्त करने से नहीं चूके। एक नेता को दृढ़ होना चाहिए। कोई व्यक्ति नेता नहीं हो सकता यदि वह अपने विचारों को स्पष्ट व्यक्त करके अपनी लोकप्रियता को जोखिम में नहीं डालता। जो व्यक्ति सभी को प्रसन्न करना चाहते हैं वे अंत तक किसी को भी प्रसन्न नहीं कर पाते।

मौलाना आजाद ने उन कमियों को देखा जिनके कारण हम पराधीन हुए और उन्होंने इन कमियों को दूर करने का प्रयत्न किया। राष्ट्रीय भेदभाव बार-बार हमारी हार और पराधीनता के कारण रहे हैं। उन्होंने इनको दूर करने का यत्न किया। वे देश को एक संगठित राष्ट्र के रूप में देखना चाहते थे। यद्यपि वे एक मुसलमान थे और कुरान पर उनकी एक रचना प्रसिद्ध हो गई है तथापि वे हमेशा राष्ट्रीय एकता और सामुदायिक सद्भावना के लिए कार्य करते रहे। हिन्दू, मुसलमान, सिख एवं ईसाई में उनके लिए कोई भेद-भाव नहीं था। वे यह अनुभव करते थे कि जो इस देश में रहते हैं वे इस देश के हैं। राष्ट्रीय भावना उनके जीवन की प्रेरणा शक्ति थी। वे राष्ट्रीय एकता और सामुदायिक सद्भावना के प्रतीक थे। आज भी हमें यह सबक याद रखना चाहिए क्योंकि आज भी देश में एक दूसरे से अलग और विभाजित करने वाली शक्तियां

सक्रिय हैं।

भारतीय एकता के बारे में हमें निश्‍चित नहीं हो जाना चाहिए। भाषागत और प्रांतगत भेदभाव के इन दिनों में राष्ट्रीय एकता का पोषण सूझबूझ के साथ होना चाहिए। इन भेदभावों का उपयोग हमें भारत को एक करने के लिए करना चाहिए।

यद्यपि उनकी मानवता सुविदित है तथापि सार्वजनिक जीवन में क्या अच्छा है और क्या बुरा—इस विषय में उनका दृष्टिकोण स्पष्ट था। यद्यपि अपने व्यक्तिगत संबंधों में वे विनम्र थे तथापि जहां सार्वजनिक कार्यों का मामला होता था वहां वे न्याय के सिद्धांतों से टस से मस नहीं होते थे। यदि किसी ने उनका व्यक्तिगत अपमान किया है तो वे उसे क्षमा कर सकते थे पर यदि किसी ने राष्ट्र का अपमान किया है तो उसके लिए समुचित कार्यवाही होनी ही चाहिए। व्यक्तिगत जीवन में विनम्रता और सार्वजनिक जीवन में न्याय उनके सिद्धांत थे। यदि हम प्रशासन में न्याय के सिद्धांत की अवहेलना करेंगे तो सरकार की स्थिरता और सामाजिक स्थिरता दोनों को आघात पहुंचेगा। वे गलत और सही में सही के हामी थे। जो समीचीन होता उसी को मानते। हमेशा जब भी प्रशासन में ईमानदारी का प्रश्न सामने आया तो उन्होंने सार्वजनिक प्रशासन में उच्च स्तर को बनाए रखने की लड़ाई लड़ी। यह दूसरा सबक है जो हमें याद रखना चाहिए।

जब हमें स्वतंत्रता प्राप्त हो गई तो उन्होंने यह अनुभव किया कि हमें इस स्वतंत्रता का उपयोग सामाजिक कल्याण के लिए करना चाहिए। देश से बीमारी, गंदगी और निरक्षरता दूर करें और अपने दिमागों को अंधविश्‍वासों, अज्ञान और धर्मान्धता से मुक्त करें। वे मुक्त मस्तिष्क के हामी थे, ऐसा मुक्त दिमाग जो जातिगत या भाषागत, प्रान्तगत या बोलीगत संकीर्ण पूर्वाग्रहों से मुक्त हो। मौलाना आजाद के रूप में हमें एक सभ्य मस्तिष्क प्राप्त था।

जब भी मैं उनसे बात करने गया, वे अरबी-फारसी के उद्धरणों की झड़ी लगा देते थे। यद्यपि मैं इन भाषाओं को नहीं जानता तथापि मुझे बताया गया कि इन भाषाओं में उनसे कोई आगे नहीं था और उनके उर्दू के भाषण सुसंगठित, विषय में उच्चकोटि के और स्पष्ट तथा उद्देश्य में सटीक और तीखे होते थे।

हमें यह नहीं भूलना चाहिए कि उन्होंने राष्ट्रीय एकता के आदर्शों, प्रशासन में ईमानदारी और आर्थिक प्रगति के लिए कार्य किया। ये ही वे उद्देश्य हैं जिन्हें हमने अपने समक्ष रखा है। जिस रूप में हम उन्हें याद रख सकते हैं वह एक यही है कि हम प्रतिदिन अपने से पूछें कि क्या हम राष्ट्रीय एकता को बढ़ा रहे हैं, क्या प्रशासन में ईमानदारी ला रहे हैं और क्या हम आर्थिक और भौतिक प्रगति ला रहे हैं? यही एक मार्ग है जिससे कि हम उनके जीवन से प्राप्त सबकों को अपने जीवन में उतार सकेंगे।

पुस्तकें उनकी निरंतर और हर समय की साथी थीं। उन्होंने पूर्वी तथा पाश्‍चात्य दर्शनशास्त्र की भूमिका पर एक किताब लिखी जो एक फारसी छंद से आरम्भ होती थी जिसमें ब्रह्माण्ड की तुलना एक ऐसी प्राचीन पांडुलिपि से की गई थी जिसके प्रथम और

अंतिम पृष्ठ कहीं खो गए हैं। यह संभव नहीं कि हम बता सकें कि यह पुस्तक कैसे आरम्भ हुई और इसका अंत कैसे होगा।

जीवन और अस्तित्व के अर्थ जानना दार्शानिक खोज का उद्देश्य है। हम चाहे उसे न ढूंढ पाएं पर खोज का कार्य अपने आप में एक पुरस्कार है।

मौलाना आजाद अपनी भूमिका एक अन्य छंद से समाप्त करते हैं जिसका अर्थ है 'जो इस मार्ग का अनुसरण करते हैं वे कभी नहीं थकते क्योंकि यह मार्ग और गंतव्य दोनों ही है।' उनका जीवन इसी का उदाहरण है। वह खोज और प्राप्ति दोनों ही था।

इसमें कोई शक नहीं कि उन जैसा व्यक्तित्व हमें पुनः देखने को नहीं मिलेगा—महान व्यक्तित्व, भव्य उपस्थिति, अदम्य साहस और भय-मुक्त आचरण का व्यक्ति।

• • •